本书获国家自然科学基金"闪购模式下供应链的定价与库存策略研究"（编号：71901027）项目资助。

PHILOSOPHY

人民日报学术文库

电子商务新兴销售模式下的定价与库存决策研究

张名扬 | 著

人民日报出版社

北 京

图书在版编目（CIP）数据

电子商务新兴销售模式下的定价与库存决策研究 /
张名扬著 . —北京：人民日报出版社，2020.12
ISBN 978 - 7 - 5115 - 6835 - 9

Ⅰ. ①电… Ⅱ. ①张… Ⅲ. ①产品—定价—研究②库
存—仓库管理—研究 Ⅳ. ①F714.1②F253.4

中国版本图书馆 CIP 数据核字（2020）第 254315 号

书　　名：电子商务新兴销售模式下的定价与库存决策研究
　　　　　DIANZI SHANGWU XINXING XIAOSHOU MOSHI XIA DE
　　　　　DINGJIA YU KUCUN JUECE YANJIU
著　　者：张名扬

出 版 人：刘华新
责任编辑：万方正
封面设计：中联学林

出版发行：人民日报出版社
社　　址：北京金台西路 2 号
邮政编码：100733
发行热线：(010)65369509　65369846　65363528　65369512
邮购热线：(010)65369530　65363527
编辑热线：(010)65369533
网　　址：www.peopledailypress.com
经　　销：新华书店
印　　刷：三河市华东印刷有限公司
法律顾问：北京科宇律师事务所　(010)83622312

开　　本：710mm×1000mm　1/16
字　　数：115 千字
印　　张：10.5
版次印次：2021 年 4 月第 1 版　　2021 年 4 月第 1 次印刷

书　　号：ISBN 978 - 7 - 5115 - 6835 - 9
定　　价：85.00 元

目 录
CONTENTS

1　绪　论

1.1　研究背景与意义

1.1.1　研究背景

2015 年 12 月，在第二届世界互联网大会上，习近平主席在讲话中指出：中国将大力实施网络强国战略、国家大数据战略、"互联网＋"行动计划，拓展网络经济空间，促进互联网和经济社会融合发展。之后，"互联网＋"被企业广泛关注，其巨大潜力激发了企业（例如亚马逊、京东、当当网、阿里巴巴、唯品会、Gilt、Ruelala 和 Priceline. com 等等）创新发展新型的营销策略，近些年较成功的电子商务新兴销售模式有闪购、概率销售、预售等。这些营销策略为消费者带来了新的购买体验，为他们提供了更多的购买选择，满足了消费者日趋多样化和个性化的需求。而且，不同的营销策略促使消费者进行重新划分，改变了消费者的行为和需求。

闪购、概率销售、预售这些电子商务新兴销售模式，为消费者提供了丰富的产品选择和购物体验，同时也为供应链提供了许多好处，例如延长销售期、提升了平台忠诚度、使供需更加匹配、减少需求不确定性、降低库存和运营成本、提高配送效率，等等。像唯品会、聚美优品、亚马逊、京东、阿里巴巴、Priceline.com，Hotwire，Germanwings，Last MinuteTravel，KAYAK，Super Break，Qunar，Gilt，Ruelala，Hautelook，Neiman Marcus.com，Vinfolio，WineShopper.com 等电子商务企业成功实施了新颖的营销策略，取得了显著的经济效益。法国闪购网站 Vente Privee.com 自 21 世纪初成立以来发展迅速，2016 年的营业额超过 20 亿欧元，共有 2000 多个国际零售商与其合作，会员已超过 2000 万名（Gobry，2011；Örs and Latif，2014）。中国知名闪购网站唯品会自 2008 年 12 月创办，于 2012 年 3 月在 NYSE 成功上市，最高股价比最低股价翻了 50 倍，连续八个季度实现盈利，在短短几年内创造了一个又一个商业神话（梁小丽，2014），已跃居中国第四大互联网企业。目前，唯品会拥有会员超过 1 亿人，日均订单量超 50 万，与其合作品牌供应商超过 11000 多个，其中全网独家合作的供应商有 1600 多个。Priceline Group（一个采用概率销售的网站）在过去的十年里营业收入和纯利润保持快速增长，年复合增长率分别达到 26% 和 48%，总市值超过 650 亿美元。2017 年天猫双 11 期间，通过预售等创新营销模式成交额达 1682 亿元。时任天猫首席执行官张勇提道："预售是天猫网电子商务战略的一个重要方向。"

虽然新兴的电子商务模式很多,但能为企业长久带来利润的模式不多,本书专注研究三种新颖的营销策略,即闪购、概率销售、预售对企业库存和定价策略的影响。考虑了顾客偏好的异质性以及电子商务新兴销售模式对消费者行为的影响。

(1)闪购,是以 B2C 电子商务为媒介的限时特卖平台,定期推出各类知名零售商品,以较低的折扣价向网站会员出售,每次特卖规定时限,消费者先买先得,抢完即止。过去主要是用来处理剩余库存的方法,现在逐渐被用于新产品的销售。在现实中,因不同的产品和品牌知名度不同,其在闪购平台上销售新产品的方式也不相同。有的折扣力度大,有的折扣力度小;有的销售数量稍大,有的销售数量稍小。具体来说,闪购将会在以下几个方面影响零售商的决策。

第一,闪购最初是为了帮助零售商以折扣价格出售多余的不能在实体店中以全价出售的过季库存,同时,零售商可以选择在实体店中全价销售新产品或者在闪购平台折价限量销售新产品,这将会影响零售商对新产品在不同渠道的定价和库存决策问题。

第二,如果零售商选择在闪购平台限量折价销售新产品,一方面会因为消费者的口碑效用加速新产品的扩散,同时吸引更多的人关注产品(Babić Rosario et al. , 2016; Higuchi and Troutt, 2004);另一方面,由于闪购平台的产品价格有折扣而实体店中的产品无折扣,会使价格敏感的消费者受到价格歧视负效应的影响。因此,零售商需要针对自己的品牌和产品特性来决策其参加闪购后的最优定价和库存策略。

（2）概率销售，主要用于多类产品或服务，帮助零售商创建一个新的产品类型，即"概率产品"。当消费者对产品的某些特定属性不感兴趣时，为其提供了额外的选择。比如：一个时装零售商以200元的价格销售款式相同的蓝色或者白色的衬衫，所谓概率产品就是零售商以较低的价格提供价格较低但颜色随机发售的同款衬衫，此时零售商对概率产品发货时，就可根据两种颜色衬衫库存水平的不同来随机应变。概率销售采用一种简单的细分市场方法（Shapiro and Shi，2008）扩大了产品线，增加了产品类别，满足了消费者的个性化需求，促进差异化定价，增加了市场规模（Jiang，2007）。具体来说，概率销售将会在以下几个方面影响零售商的决策。

第一，概率销售是一种处理消费者需求不确定性和供求关系匹配的营销工具。快速响应（零售商通过对需求观察，通过快速补货以响应供不应求部分的需求的运作策略）是一种处理消费者需求不确定及供求关系匹配的运作工具，那么这两种策略哪一种更适合零售商，是本书研究讨论的重点。

第二，由于概率产品的创建不需要开发新的物理产品，这种产品线的扩展可以减少或最小化零售商的成本（Xie and Fay，2012）。因此，概率销售可以降低单独设计、采购、生产和分配过程的成本，并提高商家从规模经济中获益的能力。本书也将研究市场中存在战略消费者时，概率销售是否还可以继续发挥优势从而削弱消费者战略行为的负效用，同时对比快速响应模式对零售商来说哪种更优。

（3）预售，主要用于新产品和易腐产品的短期销售，允许消费者在产品发布前订购。预售的形式有很多种，例如折价预售、平价预售或溢价预售，商家可以在预售期开始时同时宣布预售价格和正常销售价格，或者在不同的销售期另行通知。不同的预售手段会导致不同的消费者购买行为，影响卖方的最优决策，包括定价决策、库存决策等。具体来说，预售会从以下几个方面影响零售商的决策。

第一，预售将销售期扩大到两个阶段，即预售期和现货期。因此，零售商必须在预售价格和现货价格以及宣布时间上做出决定。

第二，这种策略帮助零售商做出更合适的库存决策，降低库存风险。因为预售可以帮助零售商提前了解客户的偏好和购买选择，零售商也可以根据预售结果更新现货需求预测。

第三，预售阶段消费者面临对新产品的估值不确定性，但是可以确保其最先使用新产品，而现货阶段却要面临缺货的风险，因此消费者的购买行为会发生变化。本书研究了当市场中存在战略消费者时，预售是否可以继续发挥预测需求的优势来提升企业的利润。

这些电子商务新兴销售模式大大改变了顾客的行为和需求，影响了供应链的结构和运营管理。如果零售商不能快速有效地应对这些营销策略，消费者投诉就会增加，可能会降低消费者的需求，甚至会破坏公司的声誉。例如：TIMEMADE（2009 年在天猫商城销售量排名第一）在店内以照片的形式将全世界各地的时装鞋履进行展示，并保证在 37 天内将产品送到消费者手中，但是，由于其和制造商的关系欠佳，没能按既定说明来保证鞋子生产的时间和质量，引发了消费者的不满，最终 TIMEMADE 不得不关闭其在天猫的网上商城。还有，天猫商城采用预售的方式销售生鲜产品，虽然大大降低了库存成本，但是也引发了许多消费者对生鲜产品质量和配送不及时的抱怨，造成了很多退货的现象。因此，企业在参与电子商务新兴销售模式并制定库存和定价策略时，面临很多决策问题，如需求预测、营销策略的选择、定价、库存分配等，新型营销模式对企业来说既是机遇也是挑战，只有从运作和营销管理的角度进行研究和做决策，才能提高企业绩效、实现企业长期营利。

1.1.2 问题的提出

基于上述背景可知，当零售商采用这些电子商务新兴销售模式时，这些新策略对零售商的营销和运营管理有着深远的影响，使企业面临全新的决策问题。然而，现有的研究主要集中在从市场营销的角度来分析这些策略的价值和决策，在这些电子商务新兴销售模式下的运作管理研究很少。

本书旨在解决以下问题：(1)运用数学建模和数值实验设计的方法分析电子商务新兴销售模式下的消费者行为和需求，研究新的营销策略对零售商、电子商务平台以及消费者的影响。(2)探索消费者对电子商务新兴销售模式有何反应？相关的影响因素是什么？(3)在电子商务新兴销售模式下，帮助企业做出最优决策，包括库存管理、定价、促销和销售策略。(4)分析电子商务新兴销售模式对零售商的营利能力产生怎样的影响？研究如何运用新颖的营销策略来提高企业绩效，包括减少库存、降低风险、需求识别等。

本书研究可以填补闪购、概率销售和预售模式下的运作管理与定价联合决策研究的空白，并为电子商务新兴销售模式下的企业库存管理和定价策略提供新的分析框架，为企业在"互联网＋"时代采用新颖、有效的营销策略和最佳的运营策略提供参考意见。

1.1.3 研究意义

本书的研究不仅具有重要的理论研究价值，更具有重要的现实意义。

从理论角度来看，目前有关营销模式对企业运作决策影响的研究比较少，关于闪购、概率销售、预售模式的研究更是少之又少。本书考虑了闪购这种全新营销模式对企业运作和定价联合决策的影响，对比了两种应对需求不确定的营销模式和运作模式（即概率销售和快速响应），考虑了战略消费者存在时预售模式对零售商库存决策以及利润的影响，提出的新方法和分析框架可以为研究其他营销策略对供应链运作决策的影响提供借鉴；本书研究的是前沿问题和交叉学科问题，研究视角新颖，研究结果可以填补闪购、概率销售和预售模式下的运作管理研究的空白，并提供有关三种电子商务新兴销售模式下零售商最佳库存和定价策略的管理洞察。

从实践角度来看，本书可以为参与闪购、概率销售和预售模式的零售商提供最优的库存决策模型，指导它们在实践中正确选择，从而提高利润和供应链的运作效率；既然闪购、概率销售和预售模式在电子商务中发展迅速，而且将随着电子商务的继续发展其应用也更加广泛，深刻理解这三种电子商务新兴销售模式对于电子商务的健康发展也具有积极的推动作用。

1.2　研究内容与方法

1.2.1　研究内容

目前关于电子商务新兴销售模式对企业定价与库存决策的研究较少，站在市场营销的角度以及运用实证研究方法的研究较多。本书利用数量模型和数值实验的方法，从运作管理的角度结合行为运作相关理论知识，研究了电子商务新兴销售模式下新型营销模式对企业库存和定价联合决策的影响。

具体地讲，本书的主要研究内容包括以下三个方面。

（1）闪购模式下零售商在平台上销售新品的最优定价和库存决策

闪购这一销售模式，在创立之初，是为了帮助商家处理尾货库存，商家在实体店中销售新品。近年来，我们发现，越来越多的零售商家选择在闪购平台上销售新品。在这第一部分，本书将着重讨论零售商在闪购平台上销售新产品这一现象，并且只考虑一个闪购平台和一个零售商，零售商只销售一种新产品。销售期分两个阶段，第一阶段，零售商决定是否参加闪购销售新产品。如果决定参加闪购，需要决策闪购平台新产品的价格和库存数量，这些决策会影响正常销售期的需求。第二阶段，零售商以正常价格销售新品，但是需要决策订货量。正常销售期的需求由现有的库存满足，多余的库存在期末会带来剩余价值。我们将给出零售商参加闪购的条件和零售商参加闪购后的最优库存策略和定价策略，并研究最优策略的性质。

（2）概率销售模式下零售商的最优库存决策

概率销售是一种全新的营销模式，商家将正常销售产品进行组合构成概率产品为消费者提供一个获得所销售产品的机会，以此来满足消费者多样和不确定的需求。快速响应是一种新颖的运作模式，商家通过快速补货来满足供不应求的消费者需求。概率销售和快速响应都是企业用来处理需求不确定的方法。

本书将站在运作管理的角度分析，一个零售商分两阶段销售商品，由三种方式来应对消费者需求的不确定性，其一是采用电子商务新兴销售模式——概率销售；其二采用新型运作管理模式——快速响应；其三采用两种模式相结合的方式。如果采用概率销售方式，第一阶段正常销售同一型号的两种产品，如白衬衫和红衬衫，第二阶段是概率产品的销售周期；如果单纯采用快速响应方式，则产品只有一个销售周期，不存在第二阶段降价的概率销售阶段。本书还将对比在不考虑市场中的战略消费者和考虑战略消费者情况下，零售商不同运作机制下的最优库存决策和利润。

（3）预售模式下零售商的最优库存决策

新产品预售是一种常见的电子商务营销手段，很多电子商务企业都开办了预售板块。消费者通常需要在预售平台上先行支付定金预定产品，然后支付余额以获得产品。零售商也可以通过预售阶段产品的销量，对市场上消费者的需求情况有一个大致的了解，以帮助他们在正常销售阶段更准确地安排库存量。预售阶段通常存在战略消费者，与短视消费者不同，战略消费者会观察和预测零售商的定价以及促销战略，来调整自己的支付行为，要么立即购买，要么等待将来打折再买。如果消费者选择在预售阶段购买产品，他们会百分之百得到产品；如果消费者等到正常销售阶段购买，那么就需要面临缺货的风险。

在第六章中，本书首先考虑了战略消费者的存在，在竞争情况下，分析消费者行为对零售商决策的影响，尤其是消费者战略性的负效用书能否被预售这种新型电子商务模式所减弱。其次，基于越来越多的企业采用闪购的模式预售其新产品，本书不但考虑了消费者的战略性、估值随时间递减的特性，还讨论了消费者的风险偏好因素。通过对比分析传统的报童模型（没有战略消费者的情况）、考虑战略消费者行为的普通预售报童模型和参加闪购平台预售的考虑战略消费者的报童模型，得出闪购预售的具体作用，并对零售商的最优库存决策做出判断。

1.2.2　研究方法

本书将主要运用以下方法进行研究。

（1）文献研究法

本书将主要通过文献阅读，归纳现有对三种电子商务新兴销售模式、消费者行为、新型运作模式、联合库存和定价决策，以及平台收费机制的研究进展，借鉴现有文献中提出的概念、运用的研究方法和相关问题研究的结果，归纳现有研究的特点、局限和不足，找到可以研究的方向，提出本书研究的主要问题，以及可行研究方法路线。

（2）建模分析法

本书在对零售商在闪购平台的最优定价和库存策略、概率销售的最优库存策略、预售模式下的最优库存策略研究中，结合市场营销学的知识，分别建立了相应的数学模型，分析不同电子商务新兴销售模式下零售商的最优订货和定价策略。

在对闪购平台对于零售商收费机制的研究中，考虑了不同收费契约机制对零售商利润和库存定价决策的影响。

（3）计算机模拟

本书采用计算机模拟的方法，对模型中的不同参数对结果和决策的影响实施敏感性分析，得到较为直观的结果，有助于零售商在不同情况下选择最优的决策。

1.3 本书结构框架

第1章是绪论，介绍了本书的研究背景，基于背景分析了企业面临的现实问题，从而提出本书的研究问题，并阐述了研究意义。同时介绍了本书的研究内容与研究方法和研究架构，最后总结了本研究的创新点。

　　第 2 章是文献综述，介绍了与本研究相关的国内外研究现状，总结了电子商务新兴销售模式研究现状、消费者行为研究现状、新兴运作模式研究现状、定价与库存联合决策的研究现状和平台收费机制的研究现状，得出进一步研究的方向，分析本研究与以往研究的不同和创新之处。

　　第 3 章探究了零售商在电子商务新兴销售模式——闪购模式下的最优定价和库存策略，考虑到消费者的口碑效用和价格歧视效用，建立了两周期的联合定价和库存决策模型，求解在不同情况下零售商的最优营销和运作策略，并分析了最优解的性质。此外，进行数值研究，评估了模型参数最优策略的影响，并给企业提出有效的管理见解。

　　第 4 章从运作管理的角度分析，假定一个零售商有三种方式来应对消费者需求的不确定性，其一为采用电子商务新兴销售模式——概率销售；其二为采用新型运作管理模式——快速响应；其三是采用两种模式相结合的方式。对比在不考虑市场中的战略消费者和考虑战略消费者情况下，零售商在不同运作机制下的最优库存决策和利润。

　　第 5 章研究了预售模式下零售商的最优库存决策问题。首先，假定战略消费者存在时，在竞争情况下分析消费者行为对零售商决策的影响。其次，基于越来越多的企业采用闪购的模式预售其新产品的现象，考虑到消费者的战略性、估值随时间递减的特性，讨论了消费者的考虑战略消费者行为的普通预售报童模型和参加闪购平台预售的考虑战略消费者的报童模型，以得出闪购预售的具体作用和最优库存决策。

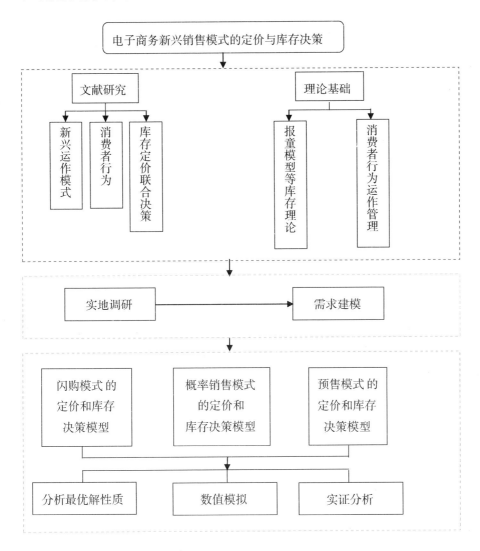

图 1 - 1　研究结构框架图

Figure 1 - 1　**Structure of the disseration**

第 6 章是研究总结及展望。对本书的研究内容、研究结论和主要研究贡献进行了总结，并指出了未来的研究方向。

1.4　研究创新点

本书是多学科的交叉研究，具有很强的理论和实践意义。在理论上不仅能发展电子商务新兴销售模式的相关理论，而且对企业运作管理也将起到一定的推动作用。在实践上，通过为企业管理者提供科学化的决策工具，能够提高企业运作效率，为我国国民经济的健康发展服务。本研究的主要创新之处体现在如下几个方面。

（1）营销策略与运作管理有机结合

关于营销策略对企业运作管理的影响的研究目前非常少，该领域正在成为当前国际学术界研究的热点。本书把电子商务新兴销售模式与企业运作管理有机结合，从运作管理的视角展开研究，探索的是前沿问题。研究视角新颖，目前从该角度研究的相关文献非常少，关于闪购的运作管理研究仅有 1 篇，还没关于概率销售和快速响应的对比研究。关于预售的研究虽然相对较多，但同时考虑战略消费者、假设消费者估值递减和风险偏好不同的研究在运作管理方向还没有，本研究有望在这个领域走在国际研究的前列，取得突破性进展。

（2）广泛吸收多个学科理论、方法和技术，系统性和综合创新性强

本研究有效地综合了供应链理论、最优化理论、计算机仿真、电子商务理论、营销科学以及行为运作理论，并充分吸收以上各学

科的最新成果和方法，考虑要素全面、系统性和技术综合性强。

目前对闪购模式的研究，主要集中在通过实证研究、定性分析或站在宏观数据的角度，研究闪购对消费者购买行为、商家和闪购平台的影响。本书采用数量化建模，对参加闪购平台的零售商的最优联合定价和库存决策进行分析，并探讨闪购平台对零售商的价值。

目前对概率销售模式的研究，很少有文献关注概率销售对零售商运营决策，尤其是库存决策的影响，而且多是站在市场营销的角度。本书站在运营管理的角度，分析了概率销售这种营销手段对零售商库存决策和利润的影响，并与快速响应进行对比研究，分析哪种运营手段在不同的条件下更适合零售商采用。

目前对预售模式的研究，有站在营销学的角度，也有站在运作管理的角度。与以往研究不同的是，本研究将考虑战略消费者情况下预售、闪购平台的预售对零售商订货决策和利润的影响，同时假设战略消费者估值随时间递减且风险偏好各不相同，并分析了在竞争环境下战略消费者行为对零售商预售决策的影响。

（3）既面向学术研究，又服务企业

本研究既重视构建数学模型，取得理论上的突破，又重视利用研究结果为零售商和电子商务平台实施最优库存、定价和收费策略提供可供操作的业务流程和具体的指导意见。

2 文献综述

近年来电子商务发展迅速，2016 年阿里巴巴的年电商交易额突破三万亿元，超过世界零售巨头沃尔玛[①]，新兴的成功电子商务销售模式层出不穷，例如闪购（Ferreira et al.，2015）、预售（Cachon and Feldman，2017；Cho and Tang，2013）、概率销售（Fay and Xie，2015；Zhang et al.，2015）等。消费者对产品的估值受不同情景的影响，其消费行为变得比较复杂。面对更加复杂的消费者行为，企业在不同的电子商务新兴销售模式的收费机制下，开创了更加先进和适应市场变化的新兴运作模式，通过观察市场来优化自己的库存和定价策略，以提升自己的利润。

本章对相关研究进行综述与讨论。首先，简单介绍几种电子商务新兴销售模式的研究现状；其次，对消费者行为的研究现状进行综述；再次，阐述了新兴运作模式的相关研究以及对联合定价和库存管理问题的相关研究进行综述和讨论，并介绍了平台收费机制的

---

① http://www.alibabagroup.com/cn/global/home.

研究现状；最后，针对上述研究现状总结研究问题。

2.1 电子商务新兴销售模式研究

本节主要介绍新兴的几种电子商务模式的研究现状，包括闪购、概率销售和预售。

2.1.1 闪购相关研究

目前关于闪购模式的学术研究非常少（Aday and Phelan，2015），大多见于新闻报道。Ostapenko（2013）对闪购的特点进行了讨论，评价闪购这一电子商务模式非常成功，因为它使得购物变得高效和有趣。Durmus et al. (2015)指出，闪购模式为零售商吸引消费者来参与消费，使他们购买平时认为很贵的名牌或者奢侈品。Huang and Benyoucef(2015)通过实证研究发现，闪购有益于建立品牌忠诚度、增加销量以及加快剩余库存的处理。Najjar(2011)在对电子商务网站的用户界面设计研究中发现，闪购模式可以为电子商务网站提高自己的社交能力，更加受到消费者的青睐。Grewal et al. (2012)发现闪购这种新型商业模式，通过消费者比较闪购平台上的折扣价格和实体店中的原价，使消费者的感知价值和产品销量有所提升。Mattioli(2011)通过实证研究发现，闪购能进一步刺激消费者的购买欲望。Mathen and Abhishek(2014)发现，闪购模式为消费者在有限时间内提供折扣很大的产品，使消费者产生产品独一无二、十分紧俏的排他性，从而影响消费者的决策。Shi and Chen（2015）对闪购平台的消费者行为进行了研究。Ferreira et al.（2015）用机器学习的办法来预测产品未来的需求，并对产品在闪购平台的定价进行了优化。Munger and Grewal（2001），Hardesty and Bearden（2003），Pi and Huang（2011），Rowley（1998），Aggarwal and Vaidyanathan（2003），Kogan and Herbon（2008）研究了限时促销对消费者购买行为的影响。以上研究都是通过实证研究或者定性分析，研究闪购对消费者购买行为、零售商和闪购平台的影响。与以上研究不同，本研究将利用最优化的方法研究零售商要不要参加闪购平台销售新产品，以及如果采用，如何决策闪购平台的库存和销售价格，以及正常销售期的库存量来优化其利润。

此外，闪购与团购（daily deals or deal－of－the－day）有相似之处，比如以折扣价促销产品等。Kukar－Kinney et al.（2016）分析了消费者在团购网站的购物影响因素，发现消费者只有在产品的销售数量达到规定的最低数量时才能获得折扣价（Jing and Xie，2011；Chen and Zhang，2014）。Hu et al.（2013）和 Subramanian and Rao（2016）对团购网站对产品销量的影响进行了研究，Krasnova et al.（2013）和 Gao and Chen（2015）强调在一部分团购网站中，消费者需要在团购平台提前购买抵用券，然后到实体店中兑换产品。通过综述我们发现，团购和闪购是两种不同的交易模式，对消费者需求的影响也是截然不同的。

在闪购模式下，本书主要研究在闪购平台购买到产品的消费者的口碑效用、潜在消费者的口碑效用和价格歧视效用的共同作用下，对商家正常销售阶段的需求和利润的影响。此外，我们还将对参加闪购平台的零售商的最优联合定价和库存决策进行分析，并探讨闪购平台对零售商的价值。

2.1.2 概率销售相关研究

Fay and Xie(2008)初次定义了概率销售，发现概率产品可以将市场细分并减少竞争。Wen et al. (2013)将消费者的风险偏好引入概率销售研究中，发现消费者的风险偏好对概率产品的市场份额和定价均产生一定的影响。Fay and Xie(2010)认为概率销售这种新兴营销模式可以用来应对消费者对产品估值等不确定性，从而提升零售商的利润。Huang and Yu(2014)考虑了消费者的有限理性对概率销售机制的影响。Zhang et al. (2017)主要研究了概率销售对缓解需求不确定性的影响，并将其与传统的库存替代进行了比较。Fay et al. (2015)研究了概率销售对零售商销售的产品组合数量和类型的影响，发现在供给侧参数不同的情况下，概率销售确实对产品的最优数量有一定的影响。

但很少有文献关注概率销售对零售商运营决策，尤其是库存决策的影响。Fay and Xie(2010)认为概率销售是很好的应对消费者需求不确定的营销机制。Fay and Xie(2015)研究了概率产品销售时间对零售商的影响，发现概率销售在提高库存利用率方面的优势。Rice et al. (2014)研究了当零售商对总的需求类别不确定的时候概率销售的有效性问题。

　　概率销售从以下几个方面影响了运作管理问题。首先，概率销售可以作为处理需求不确定性和供求关系匹配的工具。Zhang et al.（2018）主要研究了概率销售对缓解需求不确定性的影响，并将其与传统的库存替代进行比较。其次，由于概率产品不需要企业开发新的物理产品，但产品线的延伸可以帮助企业以虚拟的方式减少或最小化成本（Xie and Fay，2012）。因此，概率销售可以降低单独设计、采购、生产和分配过程的成本，并提高制造商从规模经济中获益的能力。目前的研究主要从市场营销的角度，Zhang et al.（2016）分析了概率销售对库存决策的影响，并通过需求的重塑和需求替代来对库存管理机制进行了分析。此外，由于在概率产品对消费者来说其获得的信息是不完全的，进而会影响消费者的行为。概率产品的价格相对特殊商品来说往往较低，就会存在战略消费者行为。Huang and Yu（2014）考虑消费者有限理性对概率销售盈利机制的影响。Wen et al.（2013）将消费者风险偏好引入概率销售研究中，并证明客户风险偏好可以影响定价和概率产品的市场份额。

　　本书从运营管理的角度，分析了概率销售这种营销手段对零售商库存决策和利润的影响，并与快速响应进行对比研究，分析哪种运营手段在不同的条件下更适合零售商采用。

2.1.3　预售相关研究

　　预售，作为一种新兴的极具竞争力的营销手段，吸引了大量的学者对其进行研究。Yu et al.（2007）认为预售已经成为服务业标准的营销手段，例如航空公司和旅游业等。由于该模式的成功，它被应用到电子商务零售业中，包括对玩具、衣服、书籍和电子产品的销售等。Xie and Shugan（2001）和 Zhao and Stecke（2010）指出预售可以帮助服务提供商和零售商利用消费者的估值不确定性来提高总需求。Prasad et al.（2011）发现预售可以帮助零售商减少需求的不确定性，提高需求预测的准确性。Boyaci and Özer（2010）发现制造商可以利用预售信息来优化产能决策。Kuthambalayan et al.（2015）表明预售有助于解决供需矛盾的问题。Li and Zhang（2013）发现，商家可以通过预售来获取产品准确的需求信息，从而使得他们不会在预售阶段定一个很高的价格。Cachon and Feldman（2017）认为预售模式可以提高垄断零售商的利润。

Lim and Tang（2013）分析优化了垄断零售商预售一种产品时的定价策略，考虑了市场中存在近视消费者和战略消费者情况下，假设消费者对产品的估值都是同质的。对于新产品的预售来说，Prasad et al.（2011）发现，由于消费者对新产品的估值不确定会影响他们对产品的购买决策，尤其是在正常销售期之前的预售阶段，但是，通常预售产品的价格较低且能保证产品的可得性，所以，预售模式一定程度上可以帮助零售商降低需求的不确定性。Zhao and Stecke（2010）调查了损失厌恶型消费者对零售商预售策略的影响。Li et al.（2015）假设消费者可能高估了其估值预测的准确性时，过度自信的消费者对预售策略的影响。Wang and Zeng（2016）认为消费者在预售期面临不同程度的估值不确定性，此时了解其估值的知情消费者的规模对零售商的最优定价策略会产生极大的影响。Zhai et al.（2016）通过考虑消费者的估值不确定性和寻求成本，探讨了公司最优的预售策略。Möller and Watanabe（2016）研究了零售商在竞争环境下的预售策略。Song and Yoo（2016）分析了社交媒体对消费者预售决策的影响。Zhai et al.（2017）分析了消费者估值不确定和失望厌恶对企业最优预售策略的影响。

与上述研究不同的是，本书将关注考虑战略消费者情况下预售、闪购对零售订货决策和利润的影响，同时假设战略消费者估值随时间递减且风险偏好各不相同，分析了在竞争环境下战略消费者行为对零售商预售决策的影响。

2.2 消费者行为研究现状

本节对电子商务新兴销售模式下，多变的消费者行为进行了综述，包括战略消费者行为、消费者的口碑效用和其新产品扩散的影响、消费者的价格歧视行为，以及估值不确定和风险偏好不同等行为。

2.2.1 战略消费者

Cachon and Swinney（2009）将消费者分为三类，分别是短视消费者（myopic consumers）、买便宜货的消费者（bargain - hunting consumers）和战略消费者（strategic consumers）。其中战略消费者不一定会立即购买他们喜欢的产品，而是会对产品未来降价产生一个预期，从而延迟自己的购买决策。Coase（1972）研究表明销售耐用品的垄断企业会因为战略消费者的等待降价行为而使得自己的利润为0，无利可图。Aviv et al.（2009）综述了运作管理领域对战略消费者的研究。许多学者研究了战略消费者对企业运做决策的影响（Du et al. 2015），比如，对最优库存和定价的影响等。基于报童模型，Su and Zhang（2008）分析了战略消费者对供应链绩效的影响，假设消费者是同质的且对产品的估值是一个常数，研究发现，战略消费者会降低零售商的定价、库存水平和利润。Liu and van Ryzin（2008）假设消费者对产品的估值是不变的，且是风险规避的，容量约束可以诱导战略消费者提前购买。Cachon and Swinney（2009）表明，快时尚（fast fashion）策略可以增加零售商的利润，战略消费者的耐心越大，快时尚就更利于企业。Huang and Van Mieghem（2013）分析了市场中存在战略消费者时，点击跟踪是否对企业有利，结果表明点击跟踪对零售商和消费者来说都是有利的，一方面帮助企业准确预测需求以及更好地确定快速响应的数量，另一方面可以使消费者的需求准确及时地被满足。Song and Zhao（2016）用实验的方式对战略消费者和垄断零售商之间的博弈模式进行了研究，结果表明真实实验结果的消费者行为和理论结果纳什均衡之间存在一定的偏差。Zhang and Zhang（2017）研究了当商家采用价格承诺和最优惠客户保护策略时，战略消费者的失望厌恶以及估值随时间递减对商家运作策略的影响。结果表明，两种定价策略都无法完全消除战略消费者带来的负效用。

基于上述文献的研究成果，我们发现在新型的电子商务模式中依然存在战略消费者行为，本书将研究战略消费者对新兴电子商务模式下的企业的最优库存、定价决策以及利润的影响，并分析电子商务新兴销售模式是否可以消除战略消费者对商家的负效用。

2.2.2　口碑效用与新产品扩散

根据闪购限时限量的特点，与本研究紧密相关的文献是口碑效用和关于低价促销、供给约束下的新产品扩散。

Amini et al.（2012），Babić Rosario et al.（2016），Higuchi and Troutt（2004）和 Kamrad et al.（2005）研究发现：口碑效用可以通过已购买产品的消费者来吸引更多的消费者购买新产品，从而促进产品的扩散。Ouardighi et al.（2016）和 Parry and Kawakami（2014）得到口碑效用可以提升消费者的支付意愿，Ouardighi et al.（2016）表明当产品的价格有优势的时候，口碑效用可以吸引更多的消费者。Dou et al.（2013）利用对免费试用的软件产品的口碑效用进行了研究。Rowlands et al.（2003 和）Swix et al.（2012）认为潜在消费者也会影响其他消费者对产品的估值和需求。

Bass（1969）第一次对新产品的扩散问题进行了研究，随后许多研究人员对这个问题进行了跟进，相关的问题也大量涌现。Hauser et al.（2006）和 Mahajan et al.（1990）对这一问题进行了综述。Debo et al.（2006）对 Bass 模型研究了存在供给约束下的新产品扩散问题，发现适当的供给限制是必要的。Jain et al.（1991）以以色列为例研究了电话服务的扩散，发现在没有竞争的情况下，缺货可以扩大需求。Kumar and Swaminathan（2003）和 Swami and Khairnar（2006）也得出类似的结论。Golder and Tellis（1998），Baptista（2000），Turk and Trkman（2012），Jackson and López - Pintado（2013），Libai et al.（2013），Ho et al.（2012）和 Nejad et al.（2014）等研究发现，新产品在推向市场初期以折扣价出售或者免费发放部分产品，对产品的扩散是有利的。

以上研究没有考虑到潜在消费者的口碑效用的影响，同时没有研究闪购平台的产品扩散效用。本研究同时将购买到产品的消费者的口碑效用和潜在消费者的口碑效用考虑到模型中，并研究闪购平台对零售商的价值，此外，本研究得到了不同于现有文献（如，Babić Rosario et al.，2016；Higuchi and Troutt，2004）有价值的研究结论。

2.2.3 价格歧视

消费者的行为也会因为商家制定不同的销售价格而发生一定的变化。价格公平感会对消费者的满意度以及购买行为产生一定的影响，消费者通过对比其他人的支付价格来判断是否公平（Ashworth and McShane，2012；Haws and Bearden，2006），Novemsky and Schweitzer（2004）称这种比较为外部比较，并发现向上的外部社会比较降低了消费者的满意度，使其感到不公平。不公平现象还会引起消费者的拒买抵制行为，这些都对商家不利（Sen et al. 2001）。同时，不公平的感知会降低顾客的满意度和购买意愿（Campbell，1999；

Karakul and Chan，2008；Oliver and Swan，1989；Oliver and Shor，2003）。此外，价格歧视策略还会降低消费者的支付意愿和需求（Dou et al.，2013；Hinz et al.，2011）。对于价格敏感的消费者，企业在使用价格歧视的定价策略时不但不会为商家带来更多的收益，反而会引起消费者的负面情绪、负面口碑以及需求减少等一系列损害企业利益的现象发生（Oliver and Shor，2003；Xia et al. 2004；Hinz et al. 2011；Dou et al. 2013）。

很多学者在各个领域的研究中都考虑了价格歧视的作用。Tushar et al. (2017)在对智能电网这种能源型产品的定价问题研究中也考虑了价格歧视的作用。Prasad et al. (2015)对混合捆绑销售的研究中提到，这种捆绑销售属于二级价格歧视，在市场中同时存在短视消费者和战略消费者的情况下，只要短视消费者人数适中，那么保留产品定价相较于混合捆绑销售对企业来说更优，因为混合捆绑会让消费者感受到价格歧视带来的不公平感。Besbes and Lobel(2015)对企业采用价格承诺策略时的最优定价问题进行了分析，考虑了跨期价格歧视对消费者决策的影响，研究表明，最优的定价策略是在每个销售周期中，一部分产品打折一部分产品不打折，到销售周期中期时提供一次显著折扣，在销售末期提供一次超大折扣，以此保证每个销售周期都有产品打折以削弱价格歧视对消费者决策的影响以及对企业利润的负面效用。

本书基于以上研究的成果，将价格歧视效用应用到模型中，为闪购阶段的定价对正常销售期的需求的影响建模，并得出在各种条件下零售商最优的定价和订货策略组合以更大地削弱价格歧视效用带来的负面影响。

2.2.4 消费者估值不确定性及风险偏好

Gallegoand Ryzin(1994)和 Bitran and Mondschein(1997)分析了连续和离散时间的定价方案,并假设消费者估值的分布不随时间变化。Liu and van Ryzin(2008)假定市场需求确定、消费者对零售商两周期的价格和库存量已知、消费者的估值不变且是风险厌恶型的,研究得出当存在战略消费者时,限额配给可以诱发提前购买行为。Su and Zhang(2008)基于报童模型研究了战略消费者对供应链绩效的影响。假设消费者对产品的估值不变,消费者为风险中立的。研究结论是:战略消费者行为使销售商价格和库存量降低、利润减少。Cachon and Swinney(2009)研究了两周期的动态库存和定价策略,并假定初期价格固定,折扣价格随库存变化,消费者是风险中性并且对产品的估值不变,销售商需要决策最优的折扣价格和最初的订货量以使销售商利润最大化。结果表明,存在战略消费者使得零售商订货量减少、价格减小、利润降低。Su and Zhang(2009)基于报童模型,假设消费者的估值不变,研究了当存在战略消费者时销售商库存承诺和可得性保证对消费者需求的影响。结果表明,库存承诺和可得性保证会提高销售商的利润。Liu and van Ryzin(2011)基于动态规划模型,假设消费者估值不变且估值对于消费者和零售商都是共同知识,研究了战略学习型消费者对公司的限额配给策略的影响。结果表明,销售商的限额配给策略是针对战略学习型消费者最优的决策。Liu and Zhang(2013)考虑了两个提供垂直差异化产品的公司之间的动态定价竞争问题，假设消费者对产品的估值不变，且不考虑产能约束限制。结果表明战略消费者行为对质量有差异的公司的影响是不对称的，战略消费者行为使两个公司的利润都会有所减少，但质量差的公司遭受的损失要大于质量较好的公司；如果一个公司做出单边静态定价承诺，两家公司利润都会因此提高，但高质量公司承诺时利润提高的幅度更大。Liu and Shum(2013)基于一个两周期模型，假设消费者估值不变，研究了当消费者失望厌恶时如何影响公司的最优定价策略。以上文章都对战略消费者行为和消费者估值进行了研究，但均假设消费者估值不变。Aviv and Pazgal(2008)研究了存在战略消费者情况下，时尚类季节性产品的最优定价问题，假设消费对季节性产品的估值随时间递减。结果表明，若销售商忽视战略消费者的存在将损失20%的利润，而零售商"前期承诺的折扣策略"为其带来的收入高于预期8.32%。Du et al(2015)同样假设战略消费者的估值随时间递减。

本书在对闪购模式下的企业决策研究时，假定消费者的估值不确定，服从均匀分布；在对概率销售模式下的企业决策研究时，假定消费者估值服从均匀分布，但是同质；在对预售模式下的企业决策研究时，假定消费者的估值随时间递减。

Rieger et al. (2014)和 Du et al. (2015)阐明，在经济行为中风险偏好是关键因素，不同的人有不同的风险偏好，有的是风险厌恶型、有的是风险中立型、有的是风险偏好型。Petruzzi and Dada(1999)假定零售商是风险中立的。Su and Zhang(2008)，Gallego et al. (2008)

和 Whang(2014)假定所有的消费者都是风险中立的。也有一些研究假定零售商是风险厌恶的，例如：Kalyanam(1996)站在市场营销的角度，Horowitz(1970)和 Agrawal and Seshadri(2000)站在运作管理的角度的研究。Liu and van Ryzin(2008)研究发现，供给约束会迫使风险厌恶型消费者提前购买。在报童问题中，Schweitzer and Cachon(2000)分析了不同决策者不同的风险偏好对其运作管理决策的影响。Du et al. (2015)分析了战略消费者的不同风险偏好对零售商利润的影响。

本书在对预售模式下零售商的运作管理决策研究时，假定零售商是不具有风险偏好的，但是消费者具有风险偏好，分析了具有不同风险偏好的消费者对零售商利润和库存决策的影响。

2.2.5　其他消费者行为研究现状

在运作管理领域，除了上述消费者行为因素，还有大量的文章关注了其他消费者行为对运作和营销决策的影响。Simonsohn and Ariely(2008)用实证的方法研究了理性零售商面对非理性买家时，竞标者的羊群行为对拍卖结果的影响。羊群行为也被应用到排队论的研究中(Veeraraghavan and Debo 2009，2011)。Ovchinnikov and Milner(2012)探讨了消费者的学习行为对企业利润管理的影响。Ren and Croson(2013)通过实证的方法对过度自信行为进行了刻画。Li et al. (2015)进一步地考虑了过度自信行为对竞争的报童模型的影响。Nair et al. (2015)重点讨论了正的网络效用对在线服务商网络服务能力配置和决策的影响。Baron et al.（2015）用报童模型研究了消费者的失望厌恶行为对易逝易腐品的库存决策的影响。

而本书着重关注战略消费者行为、消费者的口碑行为、消费者的价格歧视行为，以及消费者的风险偏好不同和估值不确定行为对企业的运作和营销决策的影响。

2.3　快速响应相关研究

为了应对电子商务新兴销售模式下消费者行为的变化，企业开创了新兴的运作模式来做出应对，例如快速响应。

从 1987 年开始，快速响应作为一种商业战略，在纺织、服装和家电制造行业得到了广泛的应用。Fisher and Raman（1996），Eppen and Iyer（1997），Petruzzi and Dada（2001）和 Lin and Parlaktürk（2012）等学者纷纷展开了对快速响应的研究。这些研究假设在产品开始销售后，企业可以收集更多的市场需求信息，如果发现库存不够的话，有能力在短时间内获得额外的补货，这就叫作快速响应策略。Choi（2016）基于库存服务目标对时尚零售供应链的快速反应影响进行了研究，分析在上述情境中如何利用固定费用合同、批发定价合同和产品品种合同实现服装零售供应链系统的双赢。Marchesini et al.（2017）调查了巴西、欧洲和美国企业对快速响应生产实践的应用，结论是：精益生产的使用有利于快速反应制造，那些放弃基于规模经济和降低成本的心态的被调查机构往往不适用快速反应制造方法。

但是，以上研究都没有考虑战略消费者行为。

Cachon and Swinney(2009)首次将战略消费者行为考虑到对快速响应的研究中来，发现与没有战略消费者的情况相比，存在战略消费者时的快速响应策略能给零售商带来更多的利润。Swinney(2011)在产品价值不确定的情况下，依赖于不同的参数，快速响应策略可能会降低或增加企业的利润。Cachon and Swinney(2011)分析了快速时尚对战略消费者购买行为的影响，结果表明，快速响应策略可以通过更好地匹配需求来缓解战略消费者对零售商的利润负作用。Yang et al.(2015)考虑了战略消费者的情况，探究了快速响应策略对供应链绩效的影响。发现如果快速响应的成本很低，那么集中决策系统下的快速响应价值要高于分散决策系统下的价值；如果快速响应的成本很高，分散决策采用快速响应策略会获得更多的利润增量。

本书主要关注快速响应策略和新兴的概率销售策略对企业库存决策影响的不同，对比哪一种策略在不同条件下更适用于零售商提高利润，与以往研究不同的是，本书研究了零售商同时销售两种产品时企业的最优快速响应策略。

2.4 定价与库存联合决策相关研究

第四类与本书相关的文献是关于新产品的联合定价与库存决策的研究。Karakul and Chan(2008)对单周期可替代产品的联合定价和库存决策问题进行了研究。Wang(2006)分析了在需求不确定下互不产品的联合定价和生产决策。Agrawal and Seshadri(2000)考虑了不确定性以及风险厌恶对单周期报童问题的定价和订货量决策的影响。Chen and Simchi - Levi(2012)和 Khouja(1999)对单周期的联合定价与库存决策问题进行了综述。Cachon and Swinney(2009)和 Liu and Shum(2013)用两阶段模型分析了考虑了战略消费者行为的易腐品的联合决策问题。Chen et al. (2014)研究了在有限且固定的生命周期内易腐产品的联合决策问题。Chen and Chang(2013)和 Debo et al. (2006)分析了新产品和再制造产品在产品生命周期内的联合决策问题。Chintapalli and Hazra(2015)建立了一个两阶段联合定价和库存管理模型解决了传统渠道的新产品介绍情境。Yang and Zhang(2014)研究了库存依赖于需求的动态联合决策问题。

本身供应链视角下的新型电子商务营销策略研究较少,而在供应链管理的背景下,更是只有少数几篇论文研究了定价或定价的联合决策问题。几乎很少有文献关注多周期库存和供应链结构等问题。Zhao and Stecke(2010),Prasad et al. (2011),Zhao and Pang(2011),Loginova et al. (2011,2016),Li and Zhang(2013)和 Fay and Xie(2015)在预售背景下研究了联合定价和库存决策问题。只有 Cai et al. (2010)和 Zhao et al. (2016)研究了新型营销策略对供应链的影响。Cai et al. (2010)研究了一个供应商和多个买家的两级供应链的预售。Zhao et al. (2016)分析了生产成本和消费者估值不确定性对生产零售商供应链中销售利润提升的影响。

本书对闪购模式下的两阶段联合库存和定价决策问题进行了研究,同时考虑闪购阶段的定价和库存决策对产品第二阶段正常销售周期的需求有所影响的情况。在概率销售和预售模式中考虑战略消费者的情况下，本书也采用了联合库存和定价决策方式来优化企业利润。

2.5 平台收费机制研究现状

平台收费是多种多样的。Mantin et al.（2014）研究第三方零售平台在市场中的战略角色中假设零售商在平台销售产品，每单位产品要支付给平台一个固定费用。Jiang（2014）研究了存在不匹配风险情况下，P2P 平台对销售的影响，文中假设如果消费者要在平台上销售产品，需要向平台支付一个固定费用。Caillaud and Jullien（2001）对多个竞争平台的定价问题进行了研究，文中假设平台起到中间商的作用，目的是协调双边市场使供需匹配，其中平台可以收取用户注册费、交易费等。Rochet and Tirole（2003）研究了同样的问题，但作者假设平台根据交易数据向买卖双方分别收取固定费用。Wang et al.（2004）假设平台和零售商之间签订收益共享的寄售契约。Ru and Wang（2010）也作出相同假设，不同于 Wang et al.（2004）的是他们假设在产品售出之前平台可以自己制定采购决策并管理库存。在这种背景下，第三方零售商提供的价格并不决定产品最终在平台的售价，只能作为一个参考价格出现。张卫东等（2014）基于三方博弈模型对网络交易平台的收费机制进行了分析，研究发现平台收费随着消费者自行获得商品信息所需成本的增加而增加。王强和陈宏民（2013）研究了平台收费对网上交易市场价格的影响，文章假定平台对买方免费，对卖方收费由两部分组成，一部分是固定陈列费，一部分是交易费用提成。研究表明：交易平台收费将导致买家减少搜寻活动；当交易平台仅向零售商收费时，两类零售商均提高定价，而随着收费金额的提高，网上交易市场中价格离散程度降低；当交易平台向零售商和买家同时收费时，高声誉零售商的定价降低，低声誉零售商的定价提高，市场均衡时价格离散程度进一步降低，乃至消失。

有些学者对大型在线零售商开放平台允许第三方零售商在平台销售竞争产品的平台收费问题进行了研究。Chen and Guo（2014）在研究中假设，平台向第三方零售商收取一定的佣金（例如，亚马逊收取第三方零售商平台 PC 端销售利润的 6%，平台手机客户端销售利润的 15%）。结果表明：当第三方零售商以其他方式做广告宣传的成本较低的时候，由于需要支付给平台佣金而不会选择在平台销售；当第三方零售商的广告成本适中的时候其会选择参加平台销售。Ryan et al.（2012）分析了平台零售商和参加平台的第三方零售商出现的价格竞争问题，文章假设平台和第三方零售商签订收益共享契约并收取固定费用。结果表明，第三方零售商更倾向于通过自己的网络渠道或者参加大型零售平台渠道进行销售，但不会同时在自营网络渠道和大型零售平台进行销售。

平台优化收费机制，应该以供应链协调为目的制定合理的契约对参与平台的零售商进行收费。很多学者对如何调整平台和零售商之间的收费机制从而达到供应链协调的问题进行了探索和研究。Pasternack（2002）运用报童模型研究了供应链中的协调问题，假设平台和零售商之间签订收益共享契约，结果表明此方法可达到供应链协调。Cachon and Lariviere(2005)假设平台上存在多个竞争关系的零售商，研究表明当零售商的收益和数量、价格以及其他竞争零售商的行为相关时，收益共享契约不能达到供应链协调。Boyaci(2005)研究发现，如果零售商参与的渠道销售价格是固定时，无论是批发价契约、回购契约、回扣契约还是收益共享契约都不能使平台和零售商达到协调。Chiu et al. (2011)发现这些契约不能使平台和零售商之间协调的根本原因是需求是依赖于零售价格的。如果将批发价契约、渠道回扣契约和回购契约相结合的话，即使需求依赖于价格供应链也可以达到协调。

本研究与目前已有研究的不同点是：第一，本研究以闪购这一全新的营销模式为背景分析平台的收费机制问题，目前对于闪购平台的收费机制问题没有文献研究；第二，以往研究平台收费的文献都是基于"merchant model"来决策所售商品的价格，而本研究是由零售商自己来决策平台销售商品的价格和实体店中所售商品的价格。

3 闪购模式下定价与库存决策

3.1 引言

闪购，是一种近些年很受热捧的新兴电子商务模式，它是以 B2C 电子商务为媒介的限时特卖平台，定期推出各类国内外知名零售商品，以原价 10% -50% 价格向网站会员出售，每次特卖规定时限，消费者先买先得，抢完即止。简而言之，闪购就是在有限时间内，以较低的折扣价销售一定数量产品，该销售模式起源于法国名品折扣 VP 网(Vente Privee. com)，VP 网自 21 世纪初成立以来发展迅速，2016 年的营业额超过 20 亿欧元，共有 2000 多个国际零售商与其合作，会员已超过 2000 万名(Gobry, 2011；Örs and Latif, 2014)。近年来，越来越多的电子商务企业开设闪购平台，如美国的 Gilt、Ruelala, Hautelook. com, NeimanMarcus. com, Vinfolio. com, WineShopper. com, 土耳其的 Markafoni, Limango 和 Trendyol，中国的唯品会、聚美优品、阿里巴巴（qiang. taobao. com）、京东（ht-tps：//red. jd. com）、当当网（http：//v. dangdang. com）等，以及印度的很多企业（Talreja，2013）。销售的产品包括时装、珠宝配饰、鞋、美容化妆品、箱包、家具家纺、皮具、香水、3C、母婴等。唯品会是国内最为成功的闪购网站代表，自 2008 年 12 月创办，于 2012 年 3 月在 NYSE 成功上市，最高股价比最低股价翻了 50 倍，连续八个季度实现盈利，在短短几年内创造了一个又一个商业神话（梁小丽，2014），已跃居中国第四大互联网企业。目前，唯品会拥有会员超过 1 亿人，日均订单量超 50 万，与其合作品牌供应商超过 11000 多个，其中全网独家合作的供应商有 1600 多个。Ecommerce Week（2013）和 Furniture/Today（2012）指出闪购模式非常受到年轻人的欢迎，DIY Week（2017）和 FRPT – Telecom Snapshot（2017）强调闪购模式可以引起社会媒体的热议，从而帮助使参与促销的零售商销售额大幅度增长。对于零售商和消费者来说，闪购是一种双赢的营销模式（Ashworth and McShane，2012；Durmus et al. ，2015）。Frost and Sullivan（2012）预测在 2015 年中国市场的闪购规模将达到 172 亿美元，年增长率将达到 58. 7%。实际情况是仅唯品会一家闪购网站 2015 年的净营收已经达到了 402 亿人民币。

闪购这一销售模式，在创立之初，是为了帮助商家处理尾货库存，商家在实体店中销售新品。近年来，我们发现，越来越多的零售商，例如 Adidas、BLOCCO、Goldlion、Lancome、ST&SAT、Walker Shop、OLAY 等，都选择在闪购平台上销售新品。Home textiles today 杂志在 2012 年 6 月的文章 *Flash Sale Sites Still Glowing* 写道：由于闪购网站的各种分类设置和打折因素，使得消费者对新产品的恐惧心理减少并更愿意购买新产品。现实生活中，我们注意到，不同商品、不同知名度的品牌参加闪购促销新品的方式各不相同，有的品牌新品折扣很大、有的品牌新品折扣很小甚至是全价销售、有的品牌促销的新产品数量较多、有的品牌促销的新产品数量只有几件，还有的品牌不但会在闪购平台促销新产品，甚至会为闪购平台提供一些平台专供的新产品。在这种情况下，零售商面临如下问题：闪购平台到底给零售商带来什么价值，对正常销售阶段（指在实体店或其他销售渠道中以全价销售新产品阶段）的需求有什么影响？零售商到底要不要在闪购平台销售新产品？如果要在闪购平台上销售产品，产品的定价是多少？库存应该定多少？产品的特性对定价和销售数量有什么影响？商品在闪购平台销售后，正常销售阶段的产品库存应该如何设定？都是这一节我们要讨论的问题。

一般来说，以折扣价格销售新产品，就是利用消费者的口碑效用来加速新产品的扩散，从而吸引更多的消费者购买新产品（Babić Rosario et al.，2016；Higuchi and Troutt，2004）。在闪购模式中，口碑效用包括买到产品消费者的口碑效用（已经购买产品的消费者会对他周围的人产生一定的影响）和潜在消费者的口碑效用（想买而没买到产品的消费者会对他周围的人产品一定的影响）（Rowlands et al.，2003；Swix et al.，2012），这两种口碑效用都会增加零售商正常销售阶段的需求。例如，2011 年大众公司在 Gilt 宣布低价销售 3 辆全新捷达，55000 名消费者火热报名抢购，虽然只有 3 人获得产品，但却给公司带来大量的潜在消费者。大众公司表示，闪购平台的新品促销为其赢得了声誉和关注，帮助企业扩大了市场(Miller，2011)①。

但是，零售商选择在闪购平台上销售有限数量的新产品，绝大多数消费者只能在价格恢复原价的正常阶段进行购买。这时以高价购买新产品的消费者就会感受到不公平(Ashworth and McShane，2012；Haws and Bearden，2006)，这种价格歧视的定价策略会在一定程度上影响正常阶段消费者的购买意愿(Oliver and Swan，1989；Campbell，1999)，从而降低正常阶段的产品需求。由于已购买产品的消费者、潜在有购买意愿的消费者和闪购平台的其他会员，都对产品在闪购平台上进行打折销售有所了解，那么通过口碑效用，这些消费者周围的消费者也会对此有所了解，也就是说这种价格歧视的负效用不单单是由潜在消费者引起的，所有知道产品在闪购平台进行打折消费的人都会引发他们的价格歧视效用。因此，零售商在决定闪购平台销售产品时，需要同时考虑两种口碑效用和价格歧视效用。

通常情况下，闪购平台对消费者是免费开放的，只对参加闪购的零售商收取一定的费用。闪购平台有两种收费机制：第一种是收取固定费用(Mantin et al.，2014)，第二种是按两步机制向零售商收取费用(Ryan et al.，2012)。因此，在这一节，本书将关注闪购平台

---

① 口碑效用指人与人之间通过口头交流的方式来传递信息。Ditchter(1966)指出一共有两种口碑效用：事前决策的口碑效用和事后决策的口碑效用，买到产品消费者的口碑效用属于事后决策的口碑效用，而潜在消费者的口碑效用则属于事前决策的口碑效用。Seiler(2017)发现，潜在消费者的口碑效用也会影响其他消费者。因此，本书即考虑了买到产品消费者的口碑效用和潜在消费者口碑效用，就像销售捷达的例子，潜在消费者的口碑效用是十分显著的，本书主要关注潜在消费者对产品的广告宣传效用，所以，本书定义这两种口碑效用都会对产品的需求产生正向的影响。

对零售商采取不同的收费机制时，对零售商定价和库存决策以及利润的影响，并给出不同收费机制下零售商参加闪购的条件。

本节考虑了一个由拥有众多会员的闪购平台和一个销售一种新产品的零售商构成的两个连续阶段的系统。销售期分两个阶段，第一阶段，零售商决定是否参加闪购。如果决定参加闪购，决定闪购价和闪购数量是多少，这些决策会影响正常销售期的需求。第二阶段，零售商以正常价格销售新品，但是需要决策订货量。然后，正常销售期的需求实现，并用现有的库存满足，为满足的需求不再考虑，多余的库存在期末会带来剩余价值。

我们的研究表明，如果闪购平台是免费的，零售商选择参加闪购是有利的。零售商根据两种口碑效用的强度（买到产品消费者的口碑效用强度和潜在消费者的口碑效用强度）的大小不同采用不同决策，如免费使用、全价预售、折扣零售等。大多数情况下零售商参加闪购后都会为品牌起到一定的宣传作用，增加其正常销售阶段的需求。然而，并不是所有参加闪购的零售商都会使其正常销售阶段的需求有所增加，对有些零售商来说，闪购促销除了宣传作用外也为企业带来了可观的闪购利润，此时零售商会更加注重闪购平台的销售额，闪购相当于为企业开辟了一个全新的盈利渠道。同时，口碑效用不是越大对零售商越有利，这与 Babić Rosario et al.（2016）和 Higuchi and Troutt（2004）的研究结果有所不同。此外，不是所有情境下零售商都会参加闪购，当平台向零售商采取两部收费机制时，随着固定费用和收益提成比例的增加，零售商可能选择不参加闪购。

3.2 基础模型

本书考虑一个零售商和一个闪购平台，平台拥有会员 X_1 个，零售商只销售一种新产品，他可以根据实际情况选择参加或者不参加闪购平台的销售。如果零售商决定不参加闪购而直接进行正常销售（包括在实体店中销售、在官方网上商城销售等），这时他只需决策正常销售期的订货量 q；零售商也可以选择参加闪购，如果参加，零售商将首先在闪购平台销售产品（第一阶段，即闪购阶段），然后在正常销售渠道进行销售（第二阶段，即正常销售阶段），此时他需要决定闪购销售价 p_1 和产品销售量 q_1，以及第二阶段（正常销售阶段）的订货量 q_2。闪购价和闪购数量会对正常销售阶段的需求 $d_2(\cdot)$ 产生影响。表 3 – 1 为本章需要用到的符号和变量。

表 3 – 1　符号和变量

Table 3 – 1　Notations and Variables

符号	含义
c	单位产品的成本
s	单位产品的残值
p	正常销售阶段的销售价格
X	正常销售阶段的市场规模
$d(\cdot)$	当零售商不参加闪购时正常销售阶段的需求
q	当零售商不参加闪购时的订货量（决策变量）
π	当零售商不参加闪购时的利润

零售商参加闪购时的符号和变量	
θ_1	第一阶段消费者对产品的估值
θ_2	第二阶段消费者对产品的估值
X_1	闪购平台的会员数
K	闪购平台对零售商收取的固定费用
c_H	第一阶段的库存成本
γ_1	第一阶段已购买产品消费者的口碑效用强度
γ_2	第一阶段潜在消费者的口碑效用强度
p_1	闪购的价格(决策变量)
q_1	第一阶段的订货量(决策变量)
q_2	第二阶段的订货量(决策变量)
$d_1(\cdot)$	第一阶段的需求
$d_2(\cdot)$	第二阶段的需求
π_1	零售商在第一阶段获得的利润
π_2	零售商在第二阶段获得的利润

作为 Benchmark，本节首先考虑零售商不参加闪购情形，即零售商直接在正常期销售新产品。我们假设市场规模为 X(外生变量)，每个消费者至多购买 1 个单位的产品。假设消费者的估值 θ 是异质的、不确定的，并服从 $[0，1]$ 的均匀分布(Lazear，1986；Liu and van Ryzin，2008；Cachon and Swinney，2009；Liu and Shum，2013)。在正常销售时，新产品的价格为 $p(p < 1)$。由于正常销售阶段即将购买产品的消费者数量是不确定的，零售商面临的需求也是随机的，表示为 $d(p) = X(1 - p) + \varepsilon$，其中 ε 是随机变量，累积分布和概率密度函数分别是：$F_\varepsilon(\cdot)$ 和 $f(\cdot)$，我们假设 $E(\varepsilon) = 0$，单位新产品的制造成本和残值分别为 $c,s (0 < s < c < p)$。若零售商的订货量为

q，则零售商的期望利润为

$$E\pi(q) = E\big[p\min\{d(p),q\} - cq + s(^q - d(p)) + \big]$$

$$= E\big[(p - c)d(p) - (p - c)(d(p) - q)^+ -$$

$$(c - s)(q - d(p))^+\big]$$

$$= (p - c)X(1 - p) - (p - c)\int_w^{+\infty}(z - w)dF_\varepsilon(z) -$$

$$(c - s)\int_{-\infty}^w(w - z)dF_\varepsilon(z)$$

其中，$w = q - X(1 - p)$，平台上需要决策使得零售商期望利润最大的订货量 q，

$$\max_{(q>0)}E\pi(q) \tag{3.1}$$

根据 Petruzzi and Dada(1999)的研究结论，我们可以得到零售商的最优利润及最优决策为：

$$E\pi(q^*) = (p - c)X(1 - p) - (p - c)\int_{w^*}^{+\infty}(z - w^*)dF_\varepsilon(z) -$$

$$(c - s)\int_{-\infty}^{w^*}(w^* - z)dF_\varepsilon(z)$$

$$w^* = F_\varepsilon^{-1}\Big(\frac{p - c}{p - s}\Big),$$

$$q^* = F_\varepsilon^{-1}\Big(\frac{p - c}{p - s}\Big) + X(1 - p)$$

3.3 零售商参加闪购卖新品的模型

本节讨论零售商利用闪购平台进行促销的情况。产品销售分两

个阶段，分别为闪购期（第一阶段）和正常销售期（第二阶段）。在闪购阶段，零售商需要支付给闪购平台一个固定的费用 K，同时在第一阶段销售产品需要支付库存费用。由于零售商参加闪购需要将货物运送至闪购网站的自有仓库进行集中发货（如 Vipshop，JMEI），因此参加闪购会对零售商带来额外的库存成本，假设 q_1 个新产品参加闪购要付出的总库存成本为 $c_H(q_1) = \alpha q_1^2, \alpha \geq 0$（Naddor，1966；Giri and Chaudhuri，1998；Pando et al.，2012；Yang，2014），单位新产品制造成本是 c，没有销售出去产品的残值是 s；闪购平台有会员数 X_1，我们假设会员数是一个确定的共同知识，这 X_1 个会员对产品的估值 θ_1 是异质的，并服从[0，1]的均匀分布（Lazear，1986；Liu and van Ryzin，2008；Cachon and Swinney，2009；Liu and Shum，2013）。零售商需要设定一个产品的闪购价格 p_1，那么第一阶段的需求为：$d_1(p_1) = X_1(1 - p_1)$。在正常销售阶段，零售商以全价 p 正常销售新产品，第二阶段正常销售期的市场规模为 X，同基础模型一样。

　　由于零售商通常会在闪购阶段折价销售新产品，所以本章假设 $p_1 \leq p$，第二阶段以正价购买新产品的消费者估值会因此受到影响，根据（Dou et al. 2013）的研究，本章假定第二阶段消费者估值 θ_2 与第一阶段的消费者估值 θ_1、闪购价格 p_1 和第二阶段的售价 p 之间的关系为 $\theta_2 = \theta_1 - \beta * I(p - p_1) * (max\{0, p - p_1\})^2$，其中 $\beta \geq 0$、$I(x) = \begin{cases} 1, x \geq 0 \\ -1, x < 0 \end{cases}$。$\beta * I(p - p_1) * (max\{0, p - p_1\})^2$ 表示由价格歧视效用引发的负效用。通常情况下，闪购销售阶段的库存数量有限，所以价格歧视对消费者估值的影响不是很大，为了简化分析，我们假设 β

足够小以保证消费者在第二阶段的估值始终大于 0，即 $\theta_2 > 0$。

众所周知，以折扣价销售新产品的口碑效用非常显著，可以促进新产品的扩散以及吸引更多的消费者（Babić Rosario et al.，2016；Higuchi and Troutt，2004）。在对闪购平台的研究中，口碑效用包括已购买产品消费者的口碑效用（PWOM）和潜在消费者的口碑效用（PPWOM）（Rowlands et al.，2003；Swix et al.，2012），这两种口碑效用可以增加正常销售阶段的需求。为了更好地刻画已购买产品消费者的口碑效用（PWOM）、潜在消费者的口碑效用（PPWOM）和价格歧视效用对第二阶段需求的影响，我们假设第二阶段的需求函数为：$d_2 = X[1 - prob(\theta_2 \leq p)] + \gamma_1 * \min[d_1(p_1), q_1] + \gamma_2 * [d_1(p_1) - q_1]^+ + \varepsilon$，其中，$\varepsilon$ 是在 3.2 节定义的随机变量，$\gamma_1 \geq 0$ 表示已购买产品消费者的口碑效用强度（PWOMI），$\gamma_2 \geq 0$ 表示潜在消费者的口碑效用强度（PPWOMI）。这种需求函数的形式被广泛应用于现有的文献中，如 Dou et al.（2013），Farrell and Saloner（1986），Varian（1985），Gao and Chen（2015）。一般情况下，知名的零售商（如大众汽车），他们的新产品更容易被消费者接受，所以，已购买产品消费者的口碑效用强度（PWOMI）较小，潜在消费者的口碑效用（PPWOM）较大。相反地，不知名品牌，消费者对品牌的商品特点不熟知，所以，已购买产品消费者的口碑效用强度（PWOMI）较大，因为消费者已经对产品有了切身的体会和了解，而潜在消费者的口碑效用（PPWOM）相对较小。令 $\Delta \equiv \gamma_1 * \min[d_1(p_1), q_1] + \gamma_2 * [d_1(p_1) - q_1]^+$ 表示由于两种口碑效用导致的需求增加，则第二阶段的需求函数可以简化成 $d_2(p_1, p, q_1) = X[1 - p - \beta(p - p_1)^2] + \Delta + \varepsilon$。零售商在第一阶段的销售之初，需要决策闪购产品的价格 p_1、闪购产品的数量 q_1，以及第二阶段的库存量 q_2 来使得两阶段的总利润最大。

第一阶段，对于给定闪购价格 p_1 和闪购订货量 q_1，第一阶段的利润为：

$$\pi_1(p_1,q_1) = p\min\{d_1(p_1),q_1\} - cq_1 - c_H(q_1) -$$
$$K + s(q_1 - d_1(p_1))^+$$

其中，第一项是总的销售收益，第二项是总的生产成本，第三项是库存成本，第五项是第一阶段剩余产品的残值。

第二阶段的期望收益函数是：

$$\pi_2(p_1,q_1,q_2) = E[p\min\{d_2(p_1,p,q_1),q_2\}$$
$$- cq_2 + s(q_2 - d_2(p_1,p,q_1))^+]$$

则，两阶段的总的期望利润是：

$$\Pi(p_1,q_1,q_2) = \pi_1(p_1,q_1) + \pi_2(p_1,q_1,q_2)$$

于是，零售商的最优决策可以转化为下列的最优化问题：

$$\max\Pi(p_1,q_1,q_2)$$
$$\text{s. t.} \ 0 \leqslant p_1 \leqslant p$$
$$q_1 \geqslant 0 \quad\quad (3.2)$$
$$q_2 \geqslant 0$$

为了求解问题(3.2)，我们考虑下列问题：

$$\max \Pi(p_1, q_1, q_2)$$

$$\text{s. t. } 0 \leqslant p_1 \leqslant p$$

$$q_1 \leqslant d_1(p_1) \tag{3.3}$$

$$q_1 \geqslant 0$$

$$q_2 \geqslant 0$$

于是，很容易得到下面的命题。

命题 3 - 1：问题(3.3)与问题(3.2)等价。

命题 3 - 1 说明，零售商在闪购阶段促销的商品数量不会超过闪购平台的需求。因为，如果闪购阶段的库存数量超过需求，那么库存成本会相应增加但是销量不会增加。但是，闪购库存量是否等于需求，需要考虑闪购平台已购买到产品的消费者和没有买到产品消费者的口碑效用以及平台会员人数的多少。实际上，很多零售商都会在闪购平台上销售少于需求的产品。例如，2011 年大众汽车在美国 Gilt 闪购网站只售 3 辆全新捷达，却有 55000 名消费者报名欲购买。但是，也有一些参加唯品会闪购的零售商会尽量满足闪购平台消费者的需求。

为了求解问题(3.3)，我们考虑下列问题

$$\max \Pi(p_1, q_1, q_2)$$

$$\text{s. t. } 0 \leqslant p_1 \leqslant p$$

$$q_1 \leqslant d_1(p_1) \tag{3.4}$$

$$q_1 \geqslant 0$$

命题 3 - 2：问题(3.4)与问题(3.3)等价。

证明：

假设 (p_1^*, q_1^*, q_2^*) 是问题(3.4)的最优解，且 $q_2^* < 0$。由于第二阶段消费者估值 $\theta_2 \geq 0$，所以第二阶段的期望需求满足 $E[d_2] > 0$。从报童模型的标准分析模式中，本书得到一个正的订货量 $q_2^0 > 0$，此时 $\pi_2(p_1^*, q_1^*, q_2^*) < \pi_2(p_1^*, q_1^*, q_2^0)$。由于 $\pi_2(p_1^*, q_1^*, q_2^*) = (p - c)q_2^* < 0 = \pi_2(p_1^*, q_1^*, 0)$，所以 $q_2^* < 0$。如果 $q_2^0 = 0$，得到 $\Pi(p_1^*, q_1^*, q_2^*) < \Pi(p_1^*, q_1^*, q_2^0)$。这与 (p_1^*, q_1^*, q_2^*) 是问题(3.4)的最优解相矛盾。定理得证。

问题(3.3)有一个非负的约束 $q_2 \geq 0$，而问题(3.4)没有。然而，命题 3-2 表明：这两个问题是等价的，意思是在零售商的最优策略下商品在第二阶段的需求总是非负的。值得注意的是，第一阶段的价格对第二阶段的需求有两方面的影响：一方面，价格歧视效用（会降低需求）；另一方面，口碑效用（会增加需求）。所以，零售商需要在设定第一阶段商品的闪购价格时平衡两方面的影响。但是，零售商不应该为了设定一个过低的价格使整体效用为负，导致第二阶段的需求也为负。

命题 3-3：如果 $X_1 \geq \dfrac{K}{\gamma_2(1-p)(p-c)}$，那么 $\Pi(p_1^*, q_1^*, q_2^*) \geq E\pi(q^*)$；如果 $K = 0$，那么 $\Pi(p_1^*, q_1^*, q_2^*) \geq \Pi(p, 0, q^*) \geq E\pi(q^*)$。

命题 3-3 表示，闪购总是会给销售系统带来价值，同时，如果闪购平台的会员人数足够多或者对零售商入驻平台收取一个合理的不是很高昂的费用，零售商应该参加闪购平台的新产品销售。如果闪购平台对零售商是免费的，那么零售商一定选择参加闪购。

命题3－3还说明：当平台对零售商按固定费用机制收取入驻费用时，固定费用的大小和闪购平台的会员人数多少有关。通常，会员人数越多，平台给零售商带来的价值越多，向零售商收取的费用也就相应的变高。这解释了为什么越大的电子商务企业开设的闪购平台会有那么多的零售商愿意入驻其平台进行新产品的销售，因为他的会员人数是庞大的。例如，中国最大的闪购平台唯品会，会员人数超过1亿，入驻其平台的零售商超过11000个。同时，此命题还可以解释为什么有那么多成功的闪购平台都是向消费者免费开放的，目的就是吸引更多的消费者成为其会员，以此来增加企业的利润，例如，Vipshop，Vente－Privee，Gilt，Ruelala和 HauteLook 等。

接下来，本节将主要研究，当零售商决定参加闪购平台的新产品销售时，该如何合理地设定自己的闪购产品价格和两阶段的库存水平。平台收取的固定费用 K 是一个常数，当零售商决定参加闪购时，不会对零售商的定价和库存决策产生影响。为了简化分析，我们暂时假设 $K = 0$，同时，假设零售商在第二阶段面对的市场规模足够大，大到可以保证 $4\alpha\beta X(p - c) - 1 > 0$。

命题3－4：零售商的最优策略如下：

(i) 如果 $\gamma_1 > \dfrac{X_1(1 + c + 2\alpha X_1) + 2\beta p X(p - c)}{(p - c)X_1}$，且 $\gamma_1 - \gamma_2 > \dfrac{c + 2\alpha X_1}{p - c}$，那么 $p_1^* = 0, q_1^* = X_1, q_2^* = F_\varepsilon^{-1}\left(\dfrac{p - c}{p - s}\right) + X(1 - p - \beta p^2) + \gamma_1 X_1$。

命题 3-4(i)说明，当已买到产品的消费者的口碑效用强度很大，潜在消费者的口碑效用强度较低(这种情况与不知名的品牌相符)，或者价格歧视效应较小且平台会员数较少时，零售商在闪购平台定价为 0(免费试用新产品)，销售量等于平台的会员数。这可以解释，为什么有很多闪购平台会提供一些小品牌或者新品牌的免费试用产品给消费者。例如 yong01. com，taohuipin. com，51lingla. com etc. 零售商的目的是把闪购平台当作一个促销工具，帮助他在正常销售期扩大销量。

(ii)如果 $\dfrac{c}{p-c} \leqslant \gamma_1 - \gamma_2 \leqslant \dfrac{c+2\alpha X_1}{p-c}$，且 $\gamma_1 - (1+2\alpha X_1)\gamma_2 <$

$\dfrac{c}{p-c} - 4\alpha\beta pX$，那么 $p_1^* = 0$，$q_1^* = \dfrac{(p-c)(\gamma_1 - \gamma_2) - c}{2\alpha}$，$q_2^* =$

$F_\varepsilon^{-1}(\dfrac{p-c}{p-s}) + X(1-p-\beta p^2) + \gamma_1 q_1^* + \gamma_2(X_1 - q_1^*)$。

命题 3-4(ii)说明，当买到产品的消费者和潜在消费者口碑效用强度都较大，或者价格歧视效应较小且平台会员数较多时，零售商应该在闪购平台进行限量免费试用新产品。新产品通过买到的消费者和潜在有购买意愿的消费者的口碑效用被充分宣传，其在正常销售阶段的市场得以扩大。这就可以解释为什么有那么多的零售商愿意在淘宝的闪购平台上提供数量有限的新产品进行免费试用，例如 Lancome2015 年在淘宝闪购平台上提供了 10 份其推出的新品 BB

霜免费试用装给消费者①。

（iii）如果 $\gamma_1 - \gamma_2 \leqslant \dfrac{2\alpha X_1(1-p) - p + c}{p - c}$ ，且 $(1 + 2\alpha X_1)\gamma_2 - \gamma_1$

< 1 ，那么 $p_1^* = p$ ， $q_1^* = \dfrac{(p-c)(\gamma_1 - \gamma_2) + p - c}{2\alpha}$ ， $q_2^* =$

$F_\varepsilon^{-1}\left(\dfrac{p-c}{p-s}\right) + X(1-p) + \gamma_1 q_1^* + \gamma_2\left[X_1(1-p) - q_1^*\right]$ 。

命题 3-4（iii）说明，当两类消费者的口碑效用强度都较小时，或者价格歧视效应适中且平台会员数较多时，零售商应该在闪购平台限量全价预售新产品。此时，闪购平台的作用，一方面，发挥两种口碑效用的广告宣传作用；另一方面，消除价格歧视带来的负效用。例如在 Fab.com 全价销售的一些新设计出来的产品，2013 年 9 月苹果公司在唯品会上全价预售 iPhone 5s/5c。

（iv）如果 $\gamma_1 < \dfrac{1 - 2p + c + 2\alpha X_1(1-p)}{p - c}$ ，且 $\gamma_1 - \gamma_2 >$

$\dfrac{2\alpha X_1(1-p) - p + c}{p - c}$ ，那么 $p_1^* = p$ ， $q_1^* = X_1(1-p)$ ， $q_2^* =$

$F_\varepsilon^{-1}\left(\dfrac{p-c}{p-s}\right) + X(1-p) + \gamma_1 X_1(1-p)$ 。

命题 3-4（iv）说明，当买到产品的消费者口碑效用强度较小，潜在消费者的口碑效用强度更小时，或者价格歧视效应较小且平台会员数较多时，零售商在闪购平台尽可能多地全价销售新产品。这

---

① https：//try.taobao.com/item/list.htm？spm ＝ a1z0i.7756449.a214d7j.4.uKKpTd # group ＝ ING.

时由于闪购平台给零售商新产品扩散带来的正效用不大，零售商相当于把闪购平台当作一个新的销售渠道。例如，闪购网站 Fab.com 在 2011 年转型后，销售创意设计产品，网站主打销售口号是"销售你从未见过的东西"，如稀奇古怪的杯子、及臀 T 恤、油画、狗食碗、固定在墙上的花盆以及葡萄酒冰箱等，产品受众较小，口碑效用不大，且产品基本不打折，不在其他渠道销售，而在闪购平台的销售数量也相对较多。

（v）如果 $\gamma_2 \leqslant \dfrac{2\beta pX}{X_1}$ ，且 $[2\beta X(p-c) + X_1]\gamma_2 - 2\beta X(p-c)\gamma_1 > 2\beta X(p-c)$ ，那么 $p_1^* = \dfrac{2\beta pX - \gamma_2 X_1}{2\beta X}$ ，$q_1^* = 0$ ，$q_2^* = F_\varepsilon^{-1}(\dfrac{p-c}{p-s}) + X[1 - p - \beta(p - p_1^*)^2] + \gamma_2 X_1(1 - p_1^*)$ 。

（vi）如果 $\gamma_1 - \gamma_2 < \dfrac{c}{p-c}$ ，且 $\gamma_2 > \dfrac{2\beta pX}{X_1}$ ，那么 $p_1^* = 0$ ，$q_1^* = 0$ ，$q_2^* = F_\varepsilon^{-1}(\dfrac{p-c}{p-s}) + X(1 - p - \beta p^2) + \gamma_2 X_1$ 。

命题 3 – 4（v）和命题 3 – 4（vi）说明，当潜在消费者的口碑效用强度较大且大于买到产品的消费者口碑效用强度，买到产品的消费者口碑效用强度大小适中时，零售商在闪购平台采取低价（或免费）不销售的策略。事实上，我们看到很多网站的有些商品，定价很低，但你真正去订购时，却发现缺货。此时，零售商利用闪购平台对新产品进行广告宣传。正如京东负责闪购业务的副总裁张守川在采访中所言："闪购平台也可以成为一种广告模式。京东的广告平台资源比较少，不少商家抢不到这些广告位，闪购平台可以成为一种新的营销方式。"正如 Shi and Chen(2015)所说："电视广告和社交媒体目前是主要的广告媒体，然而购物引擎和搜索引擎不应该被忽视，比如闪购平台。"

(vii)如果 $1 \leqslant (1 + 2\alpha X_1)\gamma_2 - \gamma_1 \leqslant 4\alpha\beta pX - \dfrac{c}{p - c}$，$[2\beta X(p - c) + X_1]\gamma_2 - 2\beta X(p - c)\gamma_1 \leqslant 2\beta X(p - c)$ 且 $[X_1 + 2\beta X(p - c)]\gamma_1 - [2X_1 + 2\beta X(p - c) + 2\alpha X_1^2]\gamma_2 \leqslant \dfrac{(c - 1)X_1}{(p - c)} + 4\alpha\beta XX_1(1 - p) - 2\beta X(p - c)$，

那么 $p_1^* = \dfrac{(p - c)(\gamma_1 - \gamma_2) + 2\alpha(p - c)(2\beta pX - \gamma_2 X_1) - c}{4\alpha\beta X(p - c) - 1}$，$q_1^* =$

$(p - c)\dfrac{2\beta X[p - c + (p - c)(\gamma_1 - \gamma_2)] - \gamma_2 X_1}{4\alpha\beta X(p - c) - 1}$，$q_2^* = F_\varepsilon^{-1}\left(\dfrac{p - c}{p - s}\right) +$

$X[1 - p - \beta(p - p_1^*)^2] + \gamma_1 q_1^* + \gamma_2[X_1(1 - p_1^*) - q_1^*]$。

命题 3－4(vii)说明，如果已买到产品消费者的口碑效用强度和潜在消费者的口碑效用强度相差不大，零售商应该在闪购平台采取低价限量的促销策略。实际上，大多数零售商在闪购平台上采用了这种销售策略。例如 Adidas 和 OLAY。在这种情况下，一方面，零售商在闪购平台上以一个相对合理的折扣价格销售有限个新产品来增加自己的利润；另一方面，通过已购买产品消费者和潜在消费者的广告口碑效用来帮助品牌进行宣传，以提升正常销售阶段的利润。

(viii) 如果 $\gamma_1 \leqslant \dfrac{X_1(1 + c + 2\alpha X_1) + 2\beta pX(p - c)}{(p - c)X_1}$，$\gamma_1 \geqslant$

$\dfrac{1 + c - 2p + 2\alpha X_1(1 - p)}{p - c}$，$[X_1 + 2\beta X(p - c)]\gamma_1 - [2X_1 + 2\beta X(p - c)$

$$+ 2\alpha X_1{}^2] \gamma_2 > \frac{(c-1)X_1}{(p-c)} + 4\alpha\beta X X_1 (1-p) - 2\beta X (p-c)，那么 p_1^* =$$

$$\frac{X_1 (1 + c + 2\alpha X_1) + (2\beta p X - \gamma_1 X_1)(p-c)}{2X_1 + 2\alpha X_1{}^2 + 2\beta X (p-c)}，q_1^* = X_1 (1 - p_1^*)，q_2^* =$$

$$F_\varepsilon^{-1} (\frac{p-c}{p-s}) + X [1 - p - \beta (p - p_1^*)^2] + \gamma_1 X_1 (1 - p_1^*)。$$

命题 3 - 4(viii)表明，如果已买到产品的消费者的口碑效用强度大于潜在消费者的口碑效用强度时，零售商应该在闪购平台上提供价格较低、数量较大的新产品。这可以解释，新兴品牌壹锦网（主销性感丝袜）与京东、当当、凡客的闪购频道进行合作，通过低价销售来尽可能吸引和满足闪购平台消费者的需求，使企业盈利更大的现象。此外，还有一些在唯品会闪购平台特供的新产品，如如熙 RUXI、羽博 Yoobao 数码产品、谜尚 Missha 化妆品、探路者 TO-READ 等，闪购平台是其主要盈利渠道，此时产品的价格会相对较低，促销的数量也会相对较多。

图 3 - 1 用图形化的方式总结了上述对零售商在闪购平台销售新产品的不同情景分析。零售商参加闪购的最优策略如下：在区域（i），零售商的最优闪购策略是提供较大数量的免费试用产品。在区域（ii），零售商应该采取限量免费试用策略。在区域（iii），零售商应该采用限量全价销售策略。在区域（iv），零售商应该采用全价多售策略。在区域（v）和（vi），零售商应该采用低价或者免费的定价策略，但是产品数量设定为 0。在区域（vii），零售商应该采用低价限量的促销策略。在区域（viii），零售商应该采用低价多售的闪购策略。

通过对命题3-4的分析，我们发现：零售商的最优闪购策略是非常复杂的，总共有八种不同的最优策略，而且依赖于不同参数的变化而变化，但是都可以找到与其对应的实际例子。这说明，闪购的作用是非常多样的。因此，零售商应该考虑清楚应用闪购平台的哪一种功能。此外，品牌的受欢迎程度、闪购平台的会员人数、价格歧视效用对需求的影响等因素都是零售商在设定闪购价格和库存数量需要考虑的因素。本研究还发现，在现实生活中，零售商在做闪购产品的价格和库存决策时确实会考虑上述因素。

接下来的命题解释了闪购平台是如何影响零售商在正常销售阶段的需求的。

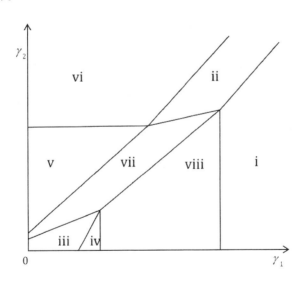

图3-1　在不同口碑效用强度下的零售商最优策略

Figure 3 - 1　The brander's optimal policy under different WOM effects intensity

命题 3 – 5：从命题 3 – 4(i) – (vi) 得到 $E[d_2^* - d^*] \geq 0$ 且 $q_2^* - q^* \geq 0$。从命题 3 – 4(vii) – (viii) 得到，如果 $p_1^* \leq c$，那么 $E[d_2^* - d^*] \geq 0$ 且 $q_2^* - q^* \geq 0$；如果 $\gamma_1 q_1^* + \gamma_2 [X_1(1 - p_1^*) - q_1^*] < \beta X (p - p_1^*)^2$，那么 $E[d_2^* - d^*] < 0$ 且 $q_2^* - q^* < 0$。

命题 3 – 5 阐明了零售商参加闪购平台的两个目的，即促销作用和开辟正常销售新产品的新渠道作用。在命题 3 – 4(i) – (vi) 的条件下，零售商参加闪购平台的新产品促销，主要目的在于增加其在正常销售阶段的需求，以增加其第二阶段的销售利润，这时零售商从闪购平台获得主要益处在于其宣传推广作用。在命题 3 – 4(vii) 和命题 3 – 4(viii) 的条件下，零售商参加闪购平台的新产品促销或者销售，平台的作用依赖于参数的变化。如果闪购价格低于单位生产成本，闪购平台的作用依然是宣传推广；如果消费者对价格非常敏感，意味着价格歧视带来的需求减少效应要大于口碑效用带来的需求增加效应，零售商参加闪购平台后，正常销售阶段的需求要小于零售商没有参加闪购时的需求，此时，零售商参加闪购平台的新产品销售，在于直接在平台上获得更多的销售利润，把平台完全作为一种全新的新产品销售渠道。

命题 3 – 3 和命题 3 – 4 揭示了：当闪购平台的会员人数足够多时，闪购对零售商是有意义和价值的，同时，平台也能通过吸引更多的零售商参与其中收取固定费用来赚取更多的利润。平台向零售商收取的固定费用数额依赖于其本身的会员数量。也就是说，零售商应该参加闪购平台销售其新产品。这就解释了为什么有那么多的零售商愿意在会员人数多的闪购平台上销售产品。但是，不同的零售商参加闪购平台的目的不同，这依赖于其自身的品牌知名度（影响两种口碑效用强度的大小）、产品的特性、闪购平台的规模、消费者的价格敏感程度、产品是否易被传播等诸多因素。从本质上讲，一些零售商把闪购平台作为推广工具（目的是增加第二阶段的需求），而另一些零售商则把闪购平台作为全新的产品销售渠道。

3.4 模型扩展

在 3.3 节本研究假设闪购平台向零售商收取固定费用，而实际情况中，许多闪购平台都采取两部收费机制（two – part tariff charging mechanism），比如，唯品会等闪购企业。即，零售商需要先向平台支付一个固定费用 K，然后再跟平台依据销量的多少来进行收益分享（revenue – sharing），令收益分享率 $\lambda(1 > \lambda > 0)$。本节主要讨论在两部收费机制下，零售商的最优定价和库存策略问题。

在两部收费机制下，零售商在闪购阶段的期望收益函数是：

$$\pi_1(p_1,q_1) = (1 - \lambda)p_1\min\{d_1(p_1),q_1\} - cq_1 - c_H(q_1) - K + s(q_1 - d_1(p_1))^+$$

跟 3.3 节的计算方法一致，得到了以下结果：

命题 3 – 6：两部收费机制下，零售商的最优决策如下：

(i) 如果 $\gamma_1 > \dfrac{X_1(1 - \lambda + c + 2\alpha X_1) + 2\beta pX(p - c)}{(p - c)X_1}$，且 $\gamma_1 - \gamma_2 > \dfrac{c + 2\alpha X_1}{p - c}$，那么 $p_1^* = 0$，$q_1^* = X_1$，$q_2^* = F_\varepsilon^{-1}\left(\dfrac{p - c}{p - s}\right) + X(1 - p - \beta p^2)$

$+ \gamma_1 X_1$；

（ii）如果 $\dfrac{c}{p-c} \leqslant \gamma_1 - \gamma_2 \leqslant \dfrac{c + 2\alpha X_1}{p-c}$，且 $(1-\lambda)\gamma_1 - (1-\lambda + 2\alpha X_1)\gamma_2 < \dfrac{(1-\lambda)c}{p-c} - 4\alpha\beta pX$，则 $p_1^* = 0$，$q_1^* = \dfrac{(p-c)(\gamma_1 - \gamma_2) - c}{2\alpha}$，$q_2^* = F_\varepsilon^{-1}(\dfrac{p-c}{p-s}) + X(1-p-\beta p^2) + \gamma_1 q_1^* + \gamma_2(X_1 - q_1^*)$；

（iii）如果 $\gamma_1 - \gamma_2 \leqslant \dfrac{2\alpha X_1(1-p) - (1-\lambda)p + c}{p-c}$，且 $\dfrac{(1-\lambda + 2\alpha X_1)}{(1-\lambda)}\gamma_2 - \gamma_1 < \dfrac{(1-\lambda)p - c}{(1-\lambda)(p-c)}$，那么 $p_1^* = p$，$q_1^* = \dfrac{(1-\lambda)(p-c)(\gamma_1 - \gamma_2) + p - c}{2\alpha}$，且 $q_2^* = F_\varepsilon^{-1}(\dfrac{p-c}{p-s}) + X(1-p) + \gamma_1 q_1^* + \gamma_2[X_1(1-p) - q_1^*]$；

（iv）如果 $\gamma_1 < \dfrac{(1-\lambda)(1-2p) + c + 2\alpha X_1(1-p)}{p-c}$，且 $\gamma_1 - \gamma_2 > \dfrac{2\alpha X_1(1-p) - (1-\lambda)p + c}{p-c}$，那么 $p_1^* = p$，$q_1^* = X_1(1-p)$，$q_2^* = F_\varepsilon^{-1}(\dfrac{p-c}{p-s}) + X(1-p) + \gamma_1 X_1(1-p)$；

（v）如果 $\gamma_2 \leqslant \dfrac{2\beta pX}{X_1}$，且 $\dfrac{[2\beta X(p-c) + (1-\lambda)X_1]}{(p-c)}\gamma_2 - 2\beta X\gamma_1 > \dfrac{2\beta X[(1-\lambda)p - c]}{(p-c)}$，那么 $p_1^* = \dfrac{2\beta pX - \gamma_2 X_1}{2\beta X}$，$q_1^* = 0$，$q_2^* = F_\varepsilon^{-1}(\dfrac{p-c}{p-s}) + X[1-p-\beta(p-p_1^*)^2] + \gamma_2 X_1(1-p_1^*)$；

（vi）如果 $\gamma_1 - \gamma_2 < \dfrac{c}{p-c}$，且 $\gamma_2 > \dfrac{2\beta pX}{X_1}$，那么 $p_1^* = 0$，$q_1^* =$

0 且 $q_2^* = F_\varepsilon^{-1}(\dfrac{p-c}{p-s}) + X(1 - p - \beta p^2) + \gamma_2 X_1$ ；

（vii）如果 $\dfrac{[2\beta X(p-c) + (1-\lambda)X_1]}{(p-c)}\gamma_2 - 2\beta X\gamma_1 \leqslant$

$\dfrac{2\beta X[(1-\lambda)p - c]}{(p-c)}$，$(1 - \lambda + 2\alpha X_1)\gamma_2 - (1-\lambda)\gamma_1 \geqslant$

$\dfrac{(1-\lambda)^2 p - (1-\lambda)c}{p-c}$，$\gamma_1 - \dfrac{(1-\lambda + 2\alpha X_1)}{(1-\lambda)}\gamma_2 \geqslant \dfrac{c}{p-c} - \dfrac{4\alpha\beta pX}{(1-\lambda)}$，

且 $[\dfrac{(1-\lambda)X_1}{(p-c)} + 2\beta X]\gamma_1 - [\dfrac{2X_1(1-\lambda) + 2\alpha X_1^{\,2}}{(p-c)} + 2\beta X]\gamma_2 \leqslant$

$\dfrac{(1-\lambda)(c - 1 + \lambda)X_1}{(p-c)} + 2\beta X[2\alpha X_1(1-p) - (1-\lambda)p + c]$，那么 $p_1^* =$

$\dfrac{(1-\lambda)(p-c)(\gamma_1 - \gamma_2) + 2\alpha(p-c)(2\beta pX - \gamma_2 X_1) - (1-\lambda)c}{4\alpha\beta X(p-c) - (1-\lambda)^2}$，

$q_1^* = (p-c)\dfrac{2\beta X[(1-\lambda)p - c + (p-c)(\gamma_1 - \gamma_2)] - (1-\lambda)\gamma_2 X_1}{4\alpha\beta X(p-c) - (1-\lambda)^2}$，

$q_2^* = F_\varepsilon^{-1}(\dfrac{p-c}{p-s}) + X[1 - p - \beta(p - p_1^*)^2] + \gamma_1 q_1^* + \gamma_2[X_1(1 - p_1^*) -$

$q_1^*]$ ；

（viii）如果 $\gamma_1 \leqslant \dfrac{X_1(1 - \lambda + c + 2\alpha X_1) + 2\beta pX(p-c)}{(p-c)X_1}$，$\gamma_1 \geqslant$

$\dfrac{(1-\lambda)(1 - 2p) + c + 2\alpha X_1(1-p)}{p-c}$，且 $[\dfrac{(1-\lambda)X_1}{(p-c)} + 2\beta X]\gamma_1 -$

$[\dfrac{2X_1(1-\lambda) + 2\alpha X_1^{\,2}}{(p-c)} + 2\beta X]\gamma_2 > \dfrac{(1-\lambda)(c - 1 + \lambda)X_1}{(p-c)} +$

$2\beta X[2\alpha X_1(1 - p) - (1 - \lambda)p + c]$，那么 $p_1^* =$

$\dfrac{X_1(1 - \lambda + c + 2\alpha X_1) + (2\beta pX - \gamma_1 X_1)(p - c)}{2X_1(1 - \lambda) + 2\alpha X_1^{\ 2} + 2\beta X(p - c)}$，$q_1^* = X_1(1 - p_1^*)$，

$q_2^* = F_\varepsilon^{-1}\left(\dfrac{p - c}{p - s}\right) + X[1 - p - \beta(p - p_1^*)^2] + \gamma_1 X_1(1 - p_1^*)$。

通过命题 3 - 4 和命题 3 - 6，我们发现在固定收费机制下和两部收费机制下零售商的最优策略结构类似，但是，由于两部收费机制下闪购平台可以根据产品的销量获取一部分利润，零售商会设定一个相对固定收费机制下更低的闪购价格或者减少在闪购平台的库存量，这会导致在这种收费机制下零售商的总利润降低。因此，当闪购平台向零售商按两部收费机制收取平台入驻费时，零售商会更加关注平台给他带来的广告效用。

跟命题 3 - 3 相似，本节得到了命题 3 - 7。

命题 3 - 7：如果 $\gamma_2 \geqslant \dfrac{K}{X_1(1 - p)(p - c)}$，那么 $\Pi(p_1^*, q_1^*, q_2^*) \geqslant$

$E\pi(q^*)$；如果 $K = 0$，那么 $\Pi(p_1^*, q_1^*, q_2^*) \geqslant \Pi(p, 0, q^*) \geqslant$

$E\pi(q^*)$。

通过命题 3 - 3 和命题 3 - 7，得到以下结论：如果闪购平台的会员人数足够多、潜在消费者的口碑效用强度足够大或者无论何种收费机制下固定费用为 0，平台可以为零售商带来价值。命题 3 - 7 还表明：如果固定费用为 0，零售商应该参加闪购平台，而且是否应该参加闪购是和两部收费机制中的收益分享率不相关的，也就说闪购平台如果采用两部收费机制向零售商收取入驻费用，应该尽量设定一个较低的固定费用，而设定一个较高的收益分享率，来吸引更多

的零售商增加其在平台上的利润。

3.5 数值实验

本节将通过数值实验的方式来探究不同参数对零售商最优决策的影响，以及从结果中分析出有意义的管理见解。在现实中，尽管很多成功的闪购平台会员人数非常多，但是与整个社会（潜在市场）相比，闪购平台的会员数是非常少的。所以，设定 $X_1 = 10^3, X = 10^5$。注意，固定费用只不过是零售商与平台之间的一个利润转移问题，并不会对零售商的具体决策产生影响，因此设定 $K = 0$，目的是主要重点研究闪购平台给系统带来的利润影响。接下来，本节将在两部收费机制下，探讨固定费用 K 和收益分享率 λ 对零售商利润的影响。令 $\alpha = 1/1000$，原因是库存成本不是非常大，令 $\beta = 0.5$ 以保证消费者在正常销售阶段的估值大于0，即 $\theta_2 > 0$。其余的参数设定为：$c = 0.5, s = 0.2, p = 0.6759$。用零售商的利润增长率 $\dfrac{\Pi(p_1^*, q_1^*, q_2^*) - E\pi(q^*)}{E\pi(q^*)}$ 来衡量闪购平台给零售商带来的价值。将结果总结在表 3-2 和表 3-3 中。

通过表 3-2 可以得到，零售商在闪购阶段最优的产品价格和订货量随着潜在消费者口碑效用强度的增加而降低。闪购订货量随着已买到产品消费者的口碑效用强度的增加而增加，总的来说，在已购买产品消费者的口碑效用强度较低时的价格不低于已购买产品消费者的口碑效用强度较高时的价格。也就是说，一个知名度较低的品牌应该采取低价多卖的闪购策略，因为知名度较低的品牌通常已购买产品消费者的口碑效用强度较高，而潜在消费者的口碑效用强度较低。一个知名度较高的零售商应采取高价少量的闪购策略，因为这种品牌的已购买产品消费者的口碑效用较低，而潜在消费者的口碑效用强度较高。

表3－2　不同口碑效用强度下零售商最优闪购价格和订货量

Table 3－2　Brander's optimal FS prices and quantities at different

PWOMIs and PPWOMIs

γ_1 \ γ_2	0	0.5	1	50	100
0	(0.6759, 88)	(0.6759, 132)	(0.6759, 176)	(0.3054, 695)	(0, 1000)
0.5	(0.6733, 43)	(0.6759, 88)	(0.6759, 132)	(0.3054, 695)	(0, 1000)
1	(0.6659, 0)	(0.6682, 41)	(0.6708, 86)	(0.3054, 695)	(0, 1000)
50	(0.1759, 0)	(0.1759, 0)	(0.1759, 0)	(0.1759, 0)	(0, 1000)
90	(0, 0)	(0, 0)	(0, 0)	(0, 0)	(0, 630)

但是，当 $\gamma_2 = 0.5, \gamma_2 = 1$ 时，闪购价格的变化趋势有所不同，先随着已购买产品消费者的口碑效用强度的增加而增加，后又随着其增加而递减。众所周知，知名品牌的已购买产品消费者口碑效用强度较低。因为奢侈品过硬的产品质量和时髦的设计理念，知名品牌中奢侈品品牌又比一般的知名品牌的已购买产品消费者口碑效用强度要高一些，那些购买奢侈品的消费者更愿意像其他人介绍产品的优势。然而，奢侈品品牌在闪购平台销售的产品往往数量很少价格也相对较高。这一结果，与实际情况相符。例如：Adidas 和 Lancome 等知名品牌在闪购销售的新产品，闪购价格往往不低于其全价的一半，闪购数量也相对较少。而像 Jimmy Choo 和 Gucci 这些奢侈品品牌在闪购网站 Gilt 上通常以全价销售，并且销售数量非常少。另一方面，一些新品牌或者知名度较低的品牌参加闪购，其新产品的闪购价格往往非常低，像 INMAN 和 Vimly 其闪购价格有时可以低至一折，并且闪购数量都是非常多的。

表 3 - 3 表明，即便已购买产品消费者的口碑效用强度和潜在消费者的口碑效用强度为 0，闪购平台依然可以为零售商带来利润。在这种情况下，零售商会在闪购平台以全价大量销售其产品。一般来说，更大的已购买产品消费者的口碑效用强度和潜在消费者的口碑效用强度可以为零售商带来更多的利润。当已购买产品消费者的口碑效用强度和潜在消费者的口碑效用强度很大时，闪购平台可以为零售商带来几倍的利润。所以，闪购平台可以像零售商收取比较大的固定费用。这揭示了为什么那么多的知名电子商务企业纷纷开设自己的闪购平台。

表 3 - 3　不同口碑效用强度下零售商的利润增长率

Table 3 - 3　The brander's profit increase ratio with respect to
the PWOMIs and PPWOMIs

γ_1 \ γ_2	0	0.5	1	50	100
0	0.17%	1.56%	3.83%	716.55%	2057.54%
0.5	3.21%	3.70%	5.09%	716.55%	2057.54%
1	7.26%	6.89%	7.33%	716.55%	2057.54%

γ_1 ＼ γ_2	0	0.5	1	50	100
50	849.44%	849.44%	849.44%	849.44%	2057.54%
90	1872.43%	1872.43%	1872.43%	1872.43%	1994.04%

表 3 – 3 中存在两个利润增长率的特例，分别是：（1）$\gamma_1 = 0.5$，$\gamma_2 = 1$ 和（2）$\gamma_1 = 100, \gamma_2 = 90$。为了更好地对这个两个特例进行理解，本节做了更多的数值实验结果展示在表 3 – 4 和表 3 – 5 中，实验发现：零售商的利润增长率，在案例 1 中随着 γ_1 从 0 增加到 0.5 而降低；在案例 2 中，随着 γ_2 从 85 增加到 92 而降低，然后随着 γ_1 和 γ_2 的增加而增加。这两个特例表明：口碑效用强度不是越大越好，闪购平台给零售商带来的利润依赖于已购买产品消费者的口碑效用和潜在消费者的口碑效用的混合作用。这个结果是违反直观，并与以往 Cheng et al.（2015），Gao and Chen（2015）和 Zhang et al.（2012）的研究不同的。当 $\gamma_2 = 1$，产品潜在消费者的口碑效用不大。当 γ_1 非常小的时候，意味着已购买产品的消费者口碑效用也很小，对其他消费者的影响不大。随着 γ_1 的增加，最优的闪购库存量和闪购价格都会相应的增加。这会进一步降低潜在消费者的口碑效用，导致闪购平台带来的总的口碑效用降低，平台给零售商带来的利润增加也随之降低。当 γ_1 很大的时候，即产品的已购买产品消费者的口碑效用很大，零售商会降低其闪购价格、提升闪购订货量，使得已购买产品消费者的口碑效用非常大，以补偿潜在消费者口碑效用降低的负面影响，导致闪购平台给零售商带来的利润随着 γ_1 的

增加而增加。

表 3 – 4 不同口碑效用强度下零售商的利润增长率

Table 3 – 4 The brander's profit increase ratio with respect to

the PWOMIs and PPWOMIs

γ_2 γ_1	0	0.2	0.4	0.5	0.6	0.8	1
1	7.26%	7.06%	6.91%	6.89%	6.91%	7.04%	7.33%

表 3 – 5 不同口碑效用强度下零售商的利润增长率

Table 3 – 5 The brander's profit increase ratio with respect to

the PWOMIs and PPWOMIs

γ_1 γ_2	85	87	89	91	92	93	95	97	99
100	2057.54%	2032.90%	2003.50%	1988.07%	1985.59%	1986.61%	1999.13%	2025.62%	2068.43%

当 $\gamma_1 = 100$ 时，已购买产品的口碑效用很大。如果 γ_2 很大但是小于 γ_1，那么随着 γ_2 的增加，由于潜在消费者的口碑效用的作用，闪购的销售量会降低，同时会降低已购买产品消费者的口碑效用。由于已购买产品消费者的口碑效用强度大于潜在消费者的口碑效用强度，已购买产品消费者的口碑效用给零售商带来的益处要大于潜在消费者的口碑效用。综上所述，闪购平台带来的利润增加会有所降低。

接下来，通过数值实验着重分析两部收费机制下，固定费用 K 和收益分享率 λ 对零售商总利润的影响。图 3 – 2 刻画了分析结果，其中 Z 轴代表参加和不参加闪购平台的品牌上利润的差异。

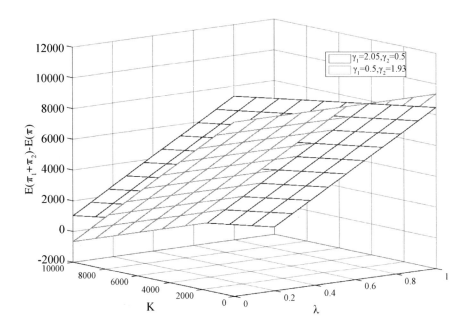

图3-2 零售商利润随着固定费用和收益分享率的变化情况

Figure 3-2 The brander's profit changes with *K* and λ

从图3-2得知,零售商通过参加闪购获得的利润增量不随着 λ 的增加而降低,并且利润增量变化不大,也就是说,收益分享率对零售商的利润影响不大。零售商通过参加闪购获得的利润增量随着 *K* 的增加而降低,并且影响很大。当 *K* 很大的时候,零售商不会从参加闪购获得利润。所以零售商需要平衡号参加闪购引发的成本大小和其带来的利润增加之间的关系。这一发现表明,闪购平台对零售商收费采用两部机制时,应该设定一个较小的固定费用和一个较大的收益分享率,这种情况下才会吸引更多的零售商入驻平台,同时给平台带来更多的收益。

此外,我们研究了不同收益分享率在不同的已购买产品消费者口碑效用强度和潜在消费者口碑效用强度下对零售商总利润的影响。例如，$\gamma_1 = 2.05, \gamma_2 = 0.5$ 时，零售商的总利润随着收益分享率 λ 的增加而降低；$\gamma_1 = 0.5, \gamma_2 = 1.93$ 时，零售商的利润不会随着收益分享率 λ 的变化而变化。

3.6 本章小结

闪购电商越来越受到大家的关注，各个国家的电商企业纷纷开设了闪购销售平台，很多零售商已经选择参加闪购来销售自己新产品。因此，本章建立了一个理论模型分析零售商为什么以及该如何参加闪购平台的新产品销售。在固定费用机制和两部收费机制下，同时考虑了已买到产品消费者的口碑效用和潜在消费者的口碑效用对零售商需求的影响。对零售商是否应该参加闪购平台给予了指导，如果参加闪购帮助他们做最有的决策。本章的主要研究结论和贡献如下：

（1）当闪购平台向零售商收取一个适中的固定费用（依赖于平台会员数的多少）或者免费的时候，零售商应该参加闪购。

（2）闪购平台有两个主要的功能，一个是促销商品并提高其在正常销售阶段的需求，另一个是作为一个纯利润渠道。零售商利用平台的哪种功能，取决于产品自身的特点（产品特点会对两种口碑效用以及价格歧视效用产生影响）。对于不同的产品，零售商应该采取不同的闪购策略，例如，大量免费试用、限量免费试用、限量全价销售、全价多售、低价或免费不售、低价限量或者低价多售的闪购策略。

（3）正常销售阶段的期望需求有可能增加也有可能降低，这依赖于两种口碑效用和产品的闪购价格以及闪购库存量。在大多数情况下，零售商会把闪购平台作为一个促销工具，使得其正常销售阶段的期望需求有所增加。在一些特殊的情景中，零售商将闪购平台作为重要的利润渠道，其正常销售阶段的期望需求反而会有所降低。

（4）当平台采用两部收费机制时，零售商的利润会随着收益分享率的变化而产生一些小变化，会随着固定费用的增加而迅速降低。这意味着，闪购平台在向零售商按两部机制收取平台入驻费用的时候，要尽可能设置一个较低的固定费用和一个较高的收益分享率。

4　概率销售模式下定价与库存决策

4.1　引　言

概率销售(probabilistic selling)是 2008 年 Fay 和 Xie 两位学者提出的概念，是一种全新的营销模式，其主要用于多类产品或服务，并发现概率产品可以细分市场，减少竞争。商家提供概率产品，相当于给潜在的买家提供了一个获得所销售产品中之一的机会(李爱真和李玟瑶，2012)。很多企业采用了这种电子商务新兴销售模式，Priceline 集团采用概率销售的方式在过去 10 年一直保持着营业收入和净利润的快速增长，年复合增长率分别为 26% 和 48%，总市值超过 650 亿美元。

创建概率产品有多种方法，可以是不同的产品或者是相同的产品但有属性不同，比如：(1)带我飞这个旅游 APP 提供的旅游概率产品，同样是支付 999 元的价格，消费者有一定的概率获得往返泰国曼谷、巴厘岛、马尔代夫的机票，三种不同的目的地是三种不同的商品，三种不同的商品组合形成概率产品；（2）当然，商家也可以提供相同的商品，同种款式的衬衫，有白色和蓝色，概率产品可以是两种款式相同但颜色不同衬衫的组合，消费者购买概率产品，以一定的概率获得蓝色衬衫，也会以一定的概率获得白色衬衫。此外，概率产品可以由第三方的中介或者零售商提供，商家可以选择同时出售特殊商品和概率产品，也可以选择分开销售，比如：第一阶段只销售特殊商品，而第二阶段销售概率产品。商家可以通过灵活的组合方式来创建一个概率产品或多个不同的概率产品。不同的组合方法涉及不同的决策问题，包括渠道选择、产品组合等等。

商家采用概率销售的方式可以满足不同消费者的需求，以有效应对其需求不确定对商家的影响。在运作管理中，近些年比较有效应对消费者需求不确定的手段是快速响应。

从 1987 年开始，快速响应（quick response）作为一种商业运作战略，在纺织、服装和家电制造行业得到了广泛的应用。西班牙品牌ZARA，通过快速地推出时尚又价格亲和的服装，目前已经成为全球排名第三、西班牙排名第一的服装零售商。在 56 个国家，ZARA 拥有超过两千家以上的服装连锁店。保证从商品设计、试做、生产到店面销售，平均只花费三周的时间的"极速供应链"。但是，有的ZARA 工厂开设在亚洲，因为劳动力便宜，但是店铺遍布全球，需要商家用不断品牌的航空运输来保证快速响应，以更快地满足消费者的需求，为企业提高利润。Cachon and Swinney（2011）研究表明，在不考虑战略消费者的情况下，快速响应可帮助企业提高利润最大达到500%。

一个是电子商务新兴销售模式(概率销售)来应对消费者需求的不确定性,一个是新兴运作模式(快速响应)来应对消费者需求的不确定性,通过本章的研究,目的是为零售商提供不同环境下的最优应对消费者需求不确定的手段建议。

Zhang et al. (2017)主要研究了概率销售对缓解需求不确定性的影响,并将其与传统的库存替代进行了比较。Fay et al. (2015)研究了概率销售对零售商销售的产品组合数量和类型的影响,发现在供给侧参数不同的情况下,概率销售确实对产品的最优数量有一定的影响。Cachon and Swinney(2009)首次将战略消费者行为考虑到对快速响应的研究中来,发现与没有战略消费者的情况相比,存在战略消费者时的快速响应策略能给零售商带来更多的利润。Swinney(2011)在产品价值不确定的情况下,依赖于不同的参数,快速响应策略可能会降低或增加企业的利润。Cachon and Swinney(2011)分析了快速时尚对战略消费者购买行为的影响,结果表明:快速响应策略可以通过更好地匹配需求来缓解战略消费者对零售商的利润负作用。

通过阅读文献得知,以往对概率销售的研究,较少站在运作管理的角度,尤其是关注零售商的库存决策,而且多数研究假设特殊商品和概率产品在同一阶段销售。对于快速响应研究,鲜有文章分析零售商同时销售两种产品的情况,据我们所知,没有文章将概率销售和快速响应这两种应对需求不确定的方式进行对比研究。

而本章将站在运作管理的角度分析,考虑一个零售商分两个阶段销售商品，有三种方式来应对消费者需求的不确定性，分别采用电子商务新兴销售模式——概率销售（PS）；或者采用新型运作管理模式——快速响应（QR）；或者采用两种模式相结合的方式（PS + QR）。如果采用概率销售方式，第一阶段正常销售同一型号的两种产品，如白衬衫和红衬衫，第二阶段是概率产品的销售周期；如果单纯采用快速响应方式，则产品只有一个销售周期，不存在第二阶段降价的概率销售阶段。本章还将对比在不考虑市场中的战略消费者和考虑战略消费者情况下，零售商不同运作机制下的最优运作决策和利润。

经研究发现，当市场中不存在战略消费者时，如果产品的快速响应成本和普通进货成本较低，或者商品在单独销售时的价格较高，那么零售商应尽量采用概率销售手段来应对消费者需求的不确定性，而不是采用快速响应的手段；反之零售商应采用快速响应手段。当市场中不存在战略消费者时，当正常订货成本和快速响应成本高于产品在第一阶段的单独售价时，零售商采用"概率销售和快速响应"联合策略时，往往会订货过多，而产品成本很高，导致在第一阶段快速响应后和第二阶段概率销售时利润都是负增长，此时单独采用概率销售手段更利于零售商。反之，零售商采用"概率销售和快速响应"联合策略要优于单独采用概率销售策略。当市场中不存在战略消费者时，在任何条件下，零售商单独使用快速响应策略获得利润都会比采用"概率销售和快速响应"联合策略获得的利润多。当市场中存在战略消费者时，企业单独采用概率销售手段，战略消费者行为会减少零售商的利润，在没有战略消费者时商家获取的利润更高。

也就是说，概率销售手段仍然不能消除战略消费者的负效用。当市场中存在战略消费者时，零售商采用"概率销售和快速响应"的联合销售策略时，当市场中存在战略消费者时，商家会降低售价，提高订货量，并且利润相较于不考虑市场中战略消费者零售商获得的要大，即零售商联合采用概率销售营销手段和快速响应运作手段可以有效地缓解战略消费者对其的负面影响。当市场中存在战略消费者时，战略消费者的存在并没有改变零售商应该何时采用"概率销售和快速响应"联合决策以及何时应该采用概率销售策略。无论市场中是否存在战略消费者，零售商都可以根据进货成本和快速响应的补货成本来决策自己的最优运作策略。当考虑市场中存在的战略消费者，且快速响应的成本较小时，零售商采用概率销售和快速响应运作模式时，可以有效地缓解市场中战略消费者给其带来的负效用，要比单独采用概率销售手段受到战略消费者的影响要小，也比其获得的利润高，同时还可以帮助企业有效降低库存水平。对比不考虑市场中的战略消费者的概率销售模型，当快速响应成本较低时，存在战略消费者的联合策略模型可以消除战略消费者给零售商带来的负效用，同时降低库存水平。但由于消费者具有战略额选择行为，导致零售商对商品的定价要有所降低。

4.2 基础模型

本节考虑一个零售商分两阶段销售商品，第一阶段正常销售同一型号的两种产品（ $j = 1,2$ ），如白衬衫和红衬衫，价格分别是 p_1 ，p_2 ，并在期初就订好，订货量分别是 q_1,q_2 ，生产单位产品的成本分别是 c_1,c_2 ，由于是同型号同款式只是颜色不同的两种产品，以及先天相同的期望，本章假设 $p_1 = p_2 \equiv p$ ，$q_1 = q_2 \equiv q$ ，$c_1 = c_2 \equiv c$ ，$0 < c < 1$（Fay and Xie，2015）。消费者的需求用 Hotelling 模型来刻画，其对理想中产品的估值标准化为 1，消费者在 Hotelling 线上的位置为 x_i（如图 4 – 1 所示），令 v_{ji} 表示消费者 i 对产品 j 的估值：$v_{1i} = 1 - x_i$ ，$v_{2i} = x_i$ 。商品的潜在消费总人数 N 是随机的，令 $N = n + \varepsilon$ ，其中 ε 是随机变量，累积分布和概率密度函数分别是 $F(\cdot)$ 和 $f(\cdot)$ ，我们假设 ε 是服从均值为 0，方差为 σ^2 正态分布的随机变量。需求是随机不确定的，每个消费者最多只能购买一个单位的商品来最大化自己的期望剩余。

图 4 – 1　消费者在 Hotelling 线上的位置

Figure 4 – 1　The location of the consumers on the Hotelling line

在表 4 – 1 中总结了本章所用到的符号和变量。

表 4 – 1　符号和变量

Table 4 – 1　Notations and variables

c_j	单位产品的成本，$c_1 = c_2 \equiv c$
q_j	每种产品的订货量，$q_1 = q_2 \equiv q$

续表 4 - 1

p_j	第一阶段的销售价格，$p_1 = p_2 \equiv p$
x_i	消费者在 Hotelling 线上的位置（即对产品的估值）
d_j	每种产品的需求
N	商品的潜在消费总人数，$N = n + \varepsilon$，$\varepsilon \sim N(0, \sigma^2)$
p_{ps}	第二阶段概率产品的价格
ξ_{prob}	考虑战略消费者时，消费者对第二阶段获得产品的可能性的预期
γ	考虑战略消费者时，概率产品中产品 1 所占的比例
$q_{PS\,no\,stra}{}^*, q_{QR\,no\,stra}{}^*, q_{PS\,+QR\,no\,stra}{}^*$	不考虑战略消费者时，零售商的最优订货量
$\pi_{PS}{}^*, \pi_{QR}{}^*, \pi_{PS\,+QR}{}^*$	不考虑战略消费者时，零售商的最优利润
$q_{PS\,stra}{}^*, q_{PS\,+QR\,stra}{}^*$	考虑战略消费者时，零售商在两种模式下的最优订货量
$p_{PS\,stra}{}^*, p_{PS\,+QR\,stra}{}^*$	考虑战略消费者时，零售商在两种模式下的最优订价
$\pi_{PS\,stra}{}^*, \pi_{PS\,+QR\,stra}{}^*$	考虑战略消费者时，零售商在两种模式下的最优利润

　　零售商有三种方式来应对消费者需求的不确定性，分别采用电子商务新兴销售模式——概率销售；或者采用新型运作管理模式——快速响应；或者采用两种模式相结合的方式。如果采用概率销售方式，那么第二阶段是概率产品的销售周期；如果单纯采用快速响应方式，则产品只有一个销售周期，不存在第二阶段降价的概率销售阶段。具体每种模式的实施方式，将在以下三小节中逐一阐

述。此外，为了简化模型以及将研究的重点放在分析三种应对需求不确定的模式对零售商利润和运作决策的影响，本章假设没有销售的商品残值为0，而且通过证明限时，残值为正也不会对本研究的结果分析产生质的影响。此外，本节暂时不考虑市场中存在战略消费者的情况，我们将在无战略消费者时对比三种模式对零售商的影响，并在4.3节中扩展模型，考虑市场中存在战略消费者时，三种模式对零售商影响，并对比存在战略消费者和不存在战略消费者时零售商的决策变化，进一步分析战略消费者对零售商的影响。

4.2.1 无战略消费者的"PS"模型

如果零售商决定采用概率销售的模式来应对消费者需求的不确定性，销售周期分为两个阶段，第一阶段是两种商品正常销售阶段，消费者可以根据自己的偏好来选择喜欢的特定商品，零售商需要在第一阶段的期初决策每个产品的订货量 q ，每种产品的需求 $d_j = N\{1 - prob(v_{ji} \leq p)\}$ 是随机的，因为产品的潜在消费者人数 N 是随机的，当两种产品各自的需求 d_1, d_2 实现并被满足后，剩余的产品混合在一起组成概率产品，在第二阶段以价格 p_{ps} 出售。根据（Fay and Xie, 2014）的研究结果，在分配概率产品的时候，商家并不知道哪种产品会更受欢迎，因此，零售商认为组成概率产品中两种产品的需求是相等的，每种产品都以相同的概率被消费者拿到，则消费者对概率产品的估值是 $(v_{1i} + v_{2i})/2$ ，即对所有消费者来说，对概率产品的估值等于1/2 ，也就是说最优的概率产品的价格就是1/2 。在实际情况中，概率产品的价格通常低于单个产品的价格，但商家为了获得利润，又会将其设定为高于成本，所以，本节假设 $0 < c \leqslant 1/2 \leqslant p < 1$。此外，零售商采用概率销售模式应对需求不确定的事件发生顺序如图 4-2 所示。

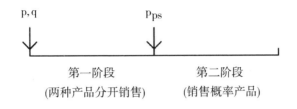

图 4 - 2　概率销售的事件发生顺序

Figure 4 - 2　The sequence of the events when retailer uses probabilistic selling mode

每个消费者有四种选择：(1) 在第一阶段买产品 1；(2) 在第一阶段买产品 2；(3) 在第二阶段买概率产品；(4) 什么也不买。每个消费者可以依照使其效用最大化的准则来决定自己的购买行为。

零售商对每种产品的订货量为 q，则其期望利润为：

$$\pi_{PS}(q_1, q_2) = E[p_1 min\{d_1, q_1\} + p_2 min\{d_2, q_2\} - cq_1 - cq_2 +$$
$$p_{ps} min\{(q_1 - d_1)^+ + (q_2 - d_2)^+,$$
$$(d_1 - q_1)^+ + (d_2 - q_2)^+\}] \qquad (4.1)$$

其中，第一项和第二项表示在第一阶段两种产品分开单独销售时的利润，第三项和第四项表示生产两种产品 q_1, q_2 的生产成本，第五项表示在第二阶段销售概率产品获得的利润。

于是，零售商用概率销售手段时的最优决策转化为优化问题

$\max\limits_{z} \pi_{PS}(q_1, q_2)$，其中 $z = q_j - n(1 - p_j)$。计算一阶条件和二阶条件得到：

$$\frac{\partial \pi_{PS}(q_1, q_2)}{\partial z} = 2(p - c) + (1 - 2p)F(\frac{z}{1 - p}) - 1$$

$$\frac{\partial^2 \pi_{PS}(q_1, q_2)}{\partial^2 z} = \frac{1 - 2p}{1 - p}f(\frac{z}{1 - p})$$

由于 $1/2 \leq p < 1$，所以，利润函数是一个凹函数，在一阶条件等于 0 处取得极大值，$q_{PS\,no\,stra}{}^* = (1 - p)F^{-1}(\frac{1 - 2p + 2c}{1 - 2p}) + n(1 - p)$，将 $q_{PS\,no\,stra}{}^*$ 带入公式(4.1)得到最优利润。

4.2.2　无战略消费者的"QR"模型

如果零售商决定采用快速响应的运作模式来应对消费者需求的不确定性，销售周期将变成一个阶段，第一阶段开始是两种商品正常销售阶段，消费者可以根据自己的偏好来选择喜欢的特定商品，零售商需要在第一阶段的期初决策每个产品的订货量 q，此时的订货成本是 c。每种产品的需求 $d_j = N\{1 - prob(v_{ji} \leq p)\}$ 是随机的，因为产品的潜在消费者人数 N 是随机的。在快速响应策略下，当产品销售一段时间后，零售商可以准确地观察到需求的情况，此时如果发现起始订货量不能满足消费者的需求，就可以再次快速订货补货，但快速补货需要付出更高的成本，则二次订货的成本变为 $c + c_Q$，c_Q，就是快速响应中二次补货需要付出的额外成本，补货完成后，两种产品还是以原来的价格 p 进行销售，两种产品各自的需求 d_1, d_2

被满足，不会有多余的产品剩余，因此不会考虑第二阶段的销售。零售商采用快速响应模式应对需求不确定的事件发生顺序如图4-3所示。

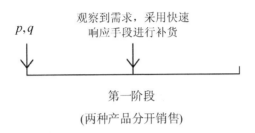

图4-3　快速响应的事件发生顺序

图4-3　快速响应的事件发生顺序

Figure 4-3　The sequence of the events when retailer uses quick response mode

所有的消费者要么在补货之前购买，要么在补货之后购买或者什么也不买，但对消费者来说商品的价格始终不变，都是 p。每个消费者可以依照使其效用最大化的准则来决定自己到底购买哪种产品。

若零售商对每种产品的订货量为 q，则其期望利润为：

$$\pi_{QR}(q_1,q_2) = E[p_1 min\{d_1,q_1\} + p_2 min\{d_2,q_2\} - cq_1 - cq_2 + \\ p(d_1 - q_1)^+ + p(d_2 - q_2)^+ - \\ (c + c_Q)(d_1 - q_1)^+ - (c + c_Q)(d_2 - q_2)^+]$$

$$(4.2)$$

其中，第一项和第二项表示在第一阶段两种产品分开单独销售时的利润，第三项和第四项表示生产两种产品 q_1,q_2 的生产成本，第五项表示在使用快速响应策略时零售商补货每种产品供不应求数量获得的利润，第六项和第七项表示第二次快速补货需要付出的成本。

于是，零售商用概率销售手段时的最优决策转化为优化问题 $\underset{z}{max}\pi_{QR}(q_1,q_2)$ ，其中 $z = q_j - n(1 - p_j)$ 。计算一阶条件和二阶条件得到：

$$\frac{\partial\ \pi_{QR}(q_1,q_2)}{\partial\ z} = 2c_Q - (2c + 2c_Q)F(\frac{z}{1 - p})$$

$$\frac{\partial^{\ 2}\pi_{QR}(q_1,q_2)}{\partial^{\ 2}z} = \frac{-(2c + 2c_Q)}{1 - p}f(\frac{z}{1 - p})$$

由于 $1/2 \leqslant p < 1$ ，所以利润函数是一个凹函数，在一阶条件等于 0 处取得极大值， $q_{QR\ no\ stra}{}^{*} = (1 - p)F^{-1}(\frac{c_Q}{c + c_Q}) + n(1 - p)$ ，将 $q_{QR\ no\ stra}{}^{*}$ 带入公式(4.2)得到最优利润。

4.2.3 无战略消费者的"PS + QR"模型

如果零售商决定同时采用概率销售和快速响应的模式来应对消费者需求的不确定性，销售周期分为两个阶段，第一阶段开始是两种商品正常销售阶段，消费者可以根据自己的偏好来选择喜欢的特定商品，零售商需要在第一阶段的期初决策每个产品的订货量 q ，此时的订货成本是 c 。每种产品的需求 $d_j = N\{1 - prob(v_{ji} \leqslant p)\}$ 是随机的，因为产品的潜在消费者人数 N 是随机的。第一阶段产品销售一段时间后，商家观察到需求，此时如果发现起始订货量不能满足消费者的需求，就可以采用快速响应策略再次快速订货补货，但快速补货需要付出更高的成本，则二次订货的成本变为 $c + c_Q$ ， c_Q ，就是快速响应中二次补货需要付出的额外成本，补货完成后，两种产品还是以原来的价格 p 进行销售。由于商家还会采用概率销售策略，并且概率产品的价格比正常单独销售的产品价格低，一些估值较低且对两种商品没有明显偏好的消费者会更加期待第二阶段概率产品的销售，如果第一阶段结束后，还有剩余的产品，零售商会将其混合在一起组成概率产品，在第二阶段以价格 p_{ps} 出售。同 4.2.1 概率产品的价格是 1/2。零售商同时采用概率销售和快速响应模式应对需求不确定的事件发生顺序如图 4-4 所示。

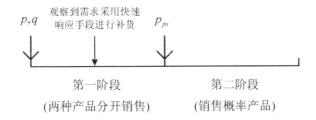

图 4-4 同时采用概率销售和快速响应模式的事件发生顺序

Figure 4 -4 The sequence of the events when retailer uses probabilistic selling and quick response mode

每个消费者有四种选择：（1）在第一阶段买产品 1；（2）在第一阶段买产品 2；（3）在第二阶段买概率产品；（4）什么也不买。每个消费者可以依照使其效用最大化的准则来决定自己的购买行为。

若零售商对每种产品的订货量为 q，则其期望利润为：

$$\pi_{PS+QR}(q_1, q_2) = E[p_1 min\{d_1, q_1\} + p_2 min\{d_2, q_2\} - cq_1 - cq_2 +$$
$$p(d_1 - q_1)^+ + p(d_2 - q_2)^+ -$$
$$(c + c_Q)(d_1 - q_1)^+ - (c + c_Q)(d_2 - q_2)^+] +$$

$$p_{ps}min\{(q_1 - d_1)^+ + (q_2 - d_2)^+,$$

$$N_1\{1 - prob(\theta \leqslant p_{ps})\} - d_1 + N_2\{1 - prob(\theta \leqslant p_{ps})\} - d_2\} \quad (4.3)$$

其中，第一项和第二项表示在第一阶段两种产品分开单独销售时的利润，第三项和第四项表示生产两种产品 q_1, q_2 的生产成本，第五项表示如果供不应求在使用快速响应策略时零售商补货获得的利润，第六项和第七项表示第二次快速补货需要付出的成本。第八项表示如果第一阶段末产品供过于求，在第二阶段销售概率产品获得的利润。

于是，零售商用概率销售手段时的最优决策转化为优化问题 $\underset{z}{max}\pi_{PS+QR}(q_1, q_2)$，其中 $z = q_j - n(1 - p_j)$。计算一阶条件和二阶条件得到：

$$\frac{\partial \pi_{PS+QR}(q_1, q_2)}{\partial z} = 2c_Q - 1 + (1 - 2c - 2c_Q)F(\frac{z}{1-p})$$

$$\frac{\partial^2 \pi_{PS+QR}(q_1, q_2)}{\partial^2 z} = \frac{1 - 2c - 2c_Q}{1-p}f(\frac{z}{1-p})$$

由于 $1/2 \leqslant p < 1$，以及为了保证目标函数的凹凸性，本章假设 $c + c_Q > 1/2$，即采用快速响应策略时快速响应需要付出的额外成本和原订一单位产品的成本之和要大于概率产品的售价，也就是说，零售商在快速响应时刻做订货决策时只考虑第一阶段的需求而不会顾虑第二阶段概率销售阶段的需求，如果多订会导致概率产品的利润是负数。所以，利润函数是一个凹函数，在一阶条件等于 0 处取得极大值，$q_{PS+QR\ no\ stra}{}^* = (1 - p)F^{-1}(\frac{1 - 2c_Q}{1 - 2c - 2c_Q}) + n(1 - p)$，将 $q_{PS+QR\ no\ stra}{}^*$ 带入公式(4.3)得到最优利润。

命题 4-1：当 $p-(c+c_Q) \geq 1/2$ 时，$q_{PS\,no\,stra}{}^* \geq q_{QR\,no\,stra}{}^*$，$\pi_{PS\,no\,stra}{}^* > \pi_{QR\,no\,stra}{}^*$；

当 $p-(c+c_Q) < 1/2$ 时，$q_{PS\,no\,stra}{}^* < q_{QR\,no\,stra}{}^*$，$\pi_{PS\,no\,stra}{}^* < \pi_{QR\,no\,stra}{}^*$。

命题 4-1 表明：如果产品的快速响应成本和普通进货成本较低，或者商品在单独销售时的价格较高，使售价减去总成本后仍高于概率产品的价格，那么零售商应尽量采用概率销售手段来应对消费者需求的不确定性，而不是采用快速响应的手段，而且往往概率销售手段订货量要大于快速响应的订货量。这个结论可能有些违反直观，但仔细分析，由于售价较高，商家在第一阶段的利润也更高，但是需求可能较少，这就导致了快速响应的订货量相对较低，但采用概率销售手段，零售商定或较多，不但可以在第一阶段赚取更高的利润，还可以将剩余产品在第二阶段组合成概率产品进行销售，由于成本较低，那么概率销售的利润也是非常可观的。所以，此时采用概率销售要优于快速响应。

如果产品的快速响应成本和普通进货成本较高，或者商品在单独销售时的价格较低，那么零售商应尽量采用快速响应手段来应对消费者需求的不确定性，而不是采用概率销售的手段，而且往往快速响应手段订货量要大于概率销售的订货量。由于单独销售的价格较低，使得需求增加，零售商就应该尽可能在第一阶段多销售，满足消费者的需求，虽然快速响应有成本，但如果第二阶段以更低的概率价格销售概率产品，成本较高而售价较低，零售商获得的利润会更低，因此，此时，零售商应采用快速响应手段。

命题 4 - 2：当 $c + c_Q > p$ 时，$q_{PS+QR\,no\,stra}{}^* > q_{PS\,no\,stra}{}^*$，$\pi_{PS+QR\,no\,stra}{}^* < \pi_{PS\,no\,stra}{}^*$；

当 $c + c_Q < p$ 时，$q_{PS+QR\,no\,stra}{}^* < q_{PS\,no\,stra}{}^*$，$\pi_{PS+QR\,no\,stra}{}^* > \pi_{PS\,no\,stra}{}^*$。

命题 4 - 2 表明：当正常订货成本和快速响应成本高于产品在第一阶段的单独售价时，零售商采用"概率销售和快速响应"联合策略时，往往会订货过多，而产品成本很高，导致在第一阶段快速响应后和第二阶段概率销售时利润都是负增长，此时单独采用概率销售手段更利于零售商。当正常订货成本和快速响应成本低于产品在第一阶段的单独售价时，采取快速响应策略反而会订更少的货，且可以帮助商家赚取更多的利润，因此，此时零售商采用"概率销售和快速响应"联合策略要优于单独采用概率销售策略。

命题 4 - 3：$q_{PS+QR\,no\,stra}{}^* < q_{QR\,no\,stra}{}^*$，$\pi_{PS+QR\,no\,stra}{}^* < \pi_{QR\,no\,stra}{}^*$。

命题 4 - 3 表明：在任何条件下，零售商单独使用快速响应策略获得利润都会比采用"概率销售和快速响应"联合策略获得的利润多。

通过命题 4 - 1、命题 4 - 2 和命题 4 - 3 可知，零售商可在不同的条件下灵活采用应对需求不确定的策略，以优化自己的利润和运作模式。

4.3　考虑战略消费者的模型

本节在 4.2 节的基础上，考虑市场中存在战略消费者的情况。近年来战略消费者行为在零售领域引起了业界和学界的广泛关注，学者们普遍认可战略消费者的存在会给商家带来负效用，因为战略消费者不像短视消费者一样，遇到喜欢的产品就买，他们往往会通过观察市场来做出更加聪明的决策，如果预期未来产品会降价，一部分战略消费者可能会延迟自己的购买决策以获取更大的消费者剩余（Su，2008；Du et al.，2015）。本节主要研究采用新兴电子商务模式下的新型营销模式以及新型运作模式是否会削弱战略消费者给商家带来的负效用，在本节中不再研究零售商单独采用快速响应策略的情况，因为单独采用快速响应策略，产品后续没有降价，对消费者来说先买和后买获得的消费者剩余一样。因此本节将研究的中心放在零售商采用"概率销售"策略和同时采用"概率销售和快速响应"策略时，战略消费者对其决策和利润的影响。

首先，分析战略消费者的决策行为：如图 4-5 所示，消费者需要决策是在第一阶段以全价 p 购买自己喜欢款式的产品，还是等到第二阶段以相对较低的概率产品的价格 p_{ps} 购买产品，但是其要面临第二阶段缺货买不到的风险，ξ_{prob} 是消费者对第二阶段获得产品的可能性的预期，消费者将会以 $1 - \xi_{prob}$ 的概率在第二阶段买不到产品。此外，由于第二阶段零售商销售的是概率产品，概率产品由第一阶段剩余的两种特殊产品组合而成，此时战略消费者如果在第二阶段购买，并不会以百分之百的概率获得自己偏爱款式的商品，而是会以一定的概率买到不是自己真正心仪的产品。此外，本节讨论，$x_i >$ $1/2$ 的情况，以保证 $x_i > 1 - x_i$，因为两者对称，所以只需讨论其中一种情况即可。

消费者的最大效用为：

$$\max\{U(x_i - p), U\{\gamma(x_i - p_{ps}) + (1 - \gamma)[(1 - x_i) - p_{ps}]\}\xi_{prob}\}$$

如果战略消费者在第一阶段购买获得的消费者剩余是 $U(x_i - p)$，如果在第二阶段购买，其获得的消费者剩余是 $U\{\gamma(x_i - p_{ps}) + (1 - \gamma)[(1 - x_i) - p_{ps}]\}\xi_{prob}$，其中，$\gamma$ 表示在概率产品中产品 1 所占的比例，$(1 - \gamma)$ 表示在概率产品中产品 2 所占的比例。当 $U(x_i - p) > U\{\gamma(x_i - p_{ps}) + (1 - \gamma)[(1 - x_i) - p_{ps}]\}\xi_{prob}$ 时，消费者会选择在第一阶段购买自己喜欢的特定款式的商品，否则就会等到在第二阶段以较低的概率价格购买概率产品。因此，消费者在第一阶段的估值应该满足：

$$U(x_i - p) = U\{\gamma(x_i - p_{ps}) + (1 - \gamma)[(1 - x_i) - p_{ps}]\}\xi_{prob}$$

$$(4.4)$$

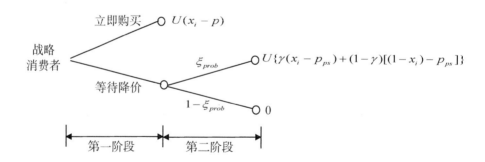

图 4-5　战略消费者的决策过程

Figure 4-5　The decision of strategic customers

4.3.1 考虑与不考虑战略消费者的"PS"模型

本节主要关注当零售商单纯采用概率销售手段来应对消费者需求的不确定性时，对比市场中存在战略消费者和不存在战略消费者时，对企业库存决策、定价决策以及利润的影响。一方面探究战略消费者对企业的影响程度，另一方面分析概率销售模式对企业的作用。

命题 4-4：$q_{PS\,stra}{}^* < q_{PS\,no\,stra}{}^*$，$p_{PS\,stra}{}^* < p_{PS\,no\,stra}{}^*$，$\pi_{PS\,stra}{}^* < \pi_{PS\,no\,stra}{}^*$。

命题 4-4 表明：当市场中存在战略消费者时，零售商会适当降低订货量和售价，减少库存成本和压力，同时降低第一阶段的售价来吸引更多的消费者在正常销售阶段消费，但结果仍然是战略消费者行为会减少零售商的利润，在没有战略消费者时商家获取的利润更高。也就是说，概率销售手段仍然不能消除战略消费者的负效用，但可以帮助企业降低库存水平。

4.3.2 考虑与不考虑战略消费者的"PS + QR"模型

由于，零售商单纯采用快速响应手段时，产品不会出现降价销售的情况，销售周期也只有一个阶段，因此市场中存不存在战略消费者对企业的决策几乎没有影响，所以本章不再对比分析考虑战略消费者和不考虑战略消费者的快速响应模型时零售商的决策。

本节主要关注当零售商采用概率销售和快速响应两种组合模式来应对消费者需求的不确定性时，对比市场中存在战略消费者和不存在战略消费者时，对企业库存决策、定价决策以及利润的影响。一方面探究战略消费者对企业的影响程度，另一方面分析概率销售和快速响应两种组合模式对企业的作用。

命题 4-5：$q_{PS+QR\,stra}^{\;*} > q_{PS+QR\,no\,stra}^{\;*}$，$p_{PS+QR\,stra}^{\;*} < p_{PS+QR\,no\,stra}^{\;*}$。

命题 4-5 表明：零售商采用"概率销售和快速响应"的联合销售策略，当市场中存在战略消费者时，商家会降低售价，提高订货量。也就是说当零售商使用"概率销售和快速响应"组合策略时，市场中的战略消费者会导致企业增加订货量，库存水平有所提升。但此时战略消费者对企业利润的影响，比较不出解析式，我们用数值的方法在第六节进行分析。

4.3.3　考虑战略消费者的"PS"与"PS+QR"模型

本节主要关注，若市场中存在战略消费者时，当零售商单纯采用"概率销售策略"和"概率销售和快速响应"两种组合模式来应对消费者需求的不确定性时，对比这两种不同的策略，对企业库存、定价决策以及利润的影响。主要探究零售商应该在不同情况下，如何选择最适合企业的应对消费者需求不确定的手段。

命题 4-6：当 $c + c_Q > p_{PS\,stra}$ 时，$q_{PS+QR\,stra}^{\;*} > q_{PS\,stra}^{\;*}$，$p_{PS+QR\,stra}^{\;*} < p_{PS\,stra}^{\;*}$，$\pi_{PS+QR\,stra}^{\;*} < \pi_{PS\,stra}^{\;*}$；

当 $c + c_Q < p_{PS\,stra}$ 时，$q_{PS+QR\,stra}{}^* < q_{PS\,stra}{}^*$，$p_{PS+QR\,stra}{}^* > p_{PS\,stra}{}^*$，$\pi_{PS+QR\,stra}{}^* > \pi_{PS\,stra}{}^*$。

由命题 4-2 和命题 4-6 可知：战略消费者的存在并没有改变零售商应该何时采用"概率销售和快速响应"联合决策以及何时应该采用"概率销售"策略。也就是说，无论市场中是否存在战略消费者，零售商都应该根据进货成本和快速响应的补货成本来决策自己的最优运作策略。

如果快速响应的单位成本过高，以至于单位采购成本高于零售商采用概率销售策略正常销售阶段的价格时，零售商应采用概率销售手段来应对需求的不确定性；当快速响应成本较低，使得单位采购成本低于零售商采用概率销售策略正常销售阶段的价格时，零售商应采用"概率销售和快速响应"联合手段来应对需求的不确定性。

4.3.4 "QR"模型与考虑战略消费者的"PS+QR"模型

本节主要关注，当零售商单纯采用"快速响应策略"并且市场中不存在战略消费者时，对比零售商采用"概率销售和快速响应"两种组合模式，并且市场中存在战略消费者时，对比这两种不同的策略在两种不同情境下，对企业库存、定价决策以及利润的影响。主要探究零售商"概率销售和快速响应"两种策略组合模式对企业来说是不是一个好的选择。

命题 4-7：$q_{PS+QR\,stra}{}^* < q_{QR\,no\,stra}{}^*$，$p_{PS+QR\,stra}{}^* < p_{QR\,no\,stra}{}^*$，$\pi_{PS+QR\,stra}{}^* < \pi_{QR\,no\,stra}{}^*$。

命题 4-7 表明：当市场中存在战略消费者，零售商采用概率销售和快速响应联合策略时，对比单纯采用快速响应策略，可以帮助其降低库存水平，但仍无法完全消除战略消费者对企业的负面影响。

4.3.5　无战略消费者"PS"模型与考虑战略消费者"PS + QR"模型

本节主要关注，当零售商单纯采用"概率销售策略"并且市场中不存在战略消费者时，对比零售商采用"概率销售和快速响应"两种组合模式，并且市场中存在战略消费者时，对比这两种不同的策略在两种不同情境下，对企业库存、定价决策以及利润的影响。主要探究零售商"概率销售和快速响应"两种策略组合模式对企业来说是不是一个好的选择。

命题 4-8： 当 $c + c_Q > p_{PS\,no\,stra}$ 时，$q_{PS+QR\,stra}{}^* > q_{PS\,no\,stra}{}^*$，$p_{PS+QR\,stra}{}^* < p_{PS\,no\,stra}{}^*$，$\pi_{PS+QR\,stra}{}^* > \pi_{PS\,no\,stra}{}^*$；

当 $c + c_Q < p_{PS\,no\,stra}$ 时，$q_{PS+QR\,stra}{}^* < q_{PS\,no\,stra}{}^*$，$p_{PS+QR\,stra}{}^* < p_{PS\,no\,stra}{}^*$，$\pi_{PS+QR\,stra}{}^* < \pi_{PS\,no\,stra}{}^*$。

由命题 4-8 得到，对比不考虑市场中的战略消费者的概率销售模型，当快速响应成本较低时，存在战略消费者的联合策略模型可以消除战略消费者给零售商带来的负效用，同时降低库存水平。但由于消费者具有战略选择行为，导致零售商对商品的定价要有所降低。也就是说，联合策略模型在一定条件下是优于单纯的概率销售策略。综合命题 4-7，但不会优于单纯的快速响应策略。

4.4 数值试验

本节将通过数值实验的方式来探究不同参数变化对零售商最优决策及最优利润的影响，并从结果中分析出有意义的管理见解。在现实中，尽管概率产品的价格很低，但是零售商仍然希望通过销售概率产品来获取一定的利润，概率产品的销售价格是 0.5 ，因此，本节假设单位产品的成本 $c = 0.4$ ，两种产品的消费者数量即市场规模是 $N = n + \varepsilon_1$ 和 $N = n + \varepsilon_2$ ，令 $n = 100$ ，$\varepsilon_1, \varepsilon_2$ 均服从均值为 10，方差为 10 的正态分布 $N(10, 10)$ 。

由于本节将对比市场中没有战略消费者和存在战略消费者的情况，在不考虑战略消费者时，零售商的最优定价和消费者的估值相同，本节假设，不考虑战略消费者时的消费者估值是 0.7 ，即 $p_{no\,stra} = 0.7$ 。考虑战略消费者时，零售商的最优定价是决策变量，并且依赖于 γ 等外生参数。

图 4-6 和图 4-7 探讨的是当零售商单纯采用概率销售手段时，随着考虑战略消费者时概率产品中产品 1 所占比例 γ 的变化零售商最优利润和最优订货量的变化情况。

图 4-6 中，横轴代表考虑战略消费者时概率产品中产品 1 所占的比例，纵轴表示当零售商采用概率销售的手段，考虑战略消费者和不考虑战略消费者时的利润差，用来衡量战略消费者对零售商利润的影响。结果表明：(1)概率销售不能消除战略消费者对零售商利

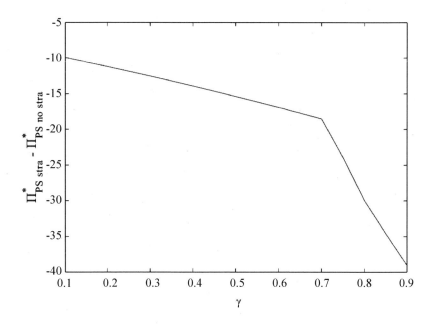

图 4-6 零售商利润随着 γ 变化而变化的情况

Figure 4-6 The impact of γ on retailer's profits

润的负效用，市场中考虑战略消费者的利润始终小于没有战略消费者的利润；(2)随着概率产品中某一种产品比例的增加，考虑战略消费者的零售商利润会继续降低。

为了探索清楚为什么会出现这种情况，本节继续用数值模拟的手段，分析了随着战略消费者时概率产品中产品 1 所占的比例增加，零售商订货量的变化情况，如图 4-7 所示。图 4-7 表明，随着概率产品中产品所占比例的增加，尤其是当产品 1 所占比重超过一半的时候，商家在第一阶段的最优订货量有所增加，原因是在第一阶段期初零售商并不知道产品 1 还是产品 2 会更加畅销，他们的产品质量水平和款式又完全相同，只是颜色不同，那么商家会将两种产品的订货量设置为相同。当第二阶段销售概率产品时，零售商发现所剩产品中随着产品 1 所占比重 γ 的增加，第一阶段产品 2 剩余用来概率销售的数量越来越少，意味着产品 2 很受欢迎，那么零售商就会在第一阶段多订货，期望以正常的销售价格满足消费者的需求。然而，这会导致产品 1 的剩余量以及概率产品的整体数量有所增加，概率产品的价格又比较低，因此造成了考虑市场中存在战略消费者时的零售商总利润不增反降。

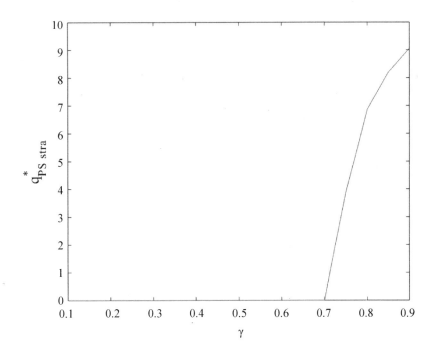

图 4 - 7　零售商订货量随着 γ 变化而变化的情况

Figure 4 - 7　The impact of γ on retailer's optimal order quantities

由 4.2.2 节可知，当零售商单独采用快速响应手段时，只有一个销售周期，如果供大于求，那么销售多少是多少，剩余产品残值假设为0；如果观察到供不应求，那么采用快速响应手段进行快速补货，并继续以全价销售，产品不会打折，那么对于消费者来说越早买越好，此时零售商不会受到战略消费者的影响。因此，在数值实验和理论计算部分本书没有将考虑战略消费者的快速响应模型和没有考虑战略消费者的快速响应模型进行对比。

图4-8和图4-9，探讨的是当零售商采用概率销售和快速响应手段时，随着考虑战略消费者时概率产品中产品1所占比例 γ 的变化，以及零售商用快速响应手段购买单位产品付出成本 $c + c_Q$ 的变化，零售商利润的变化情况。

图4-8中，横轴代表考虑战略消费者时概率产品中产品1所占的比例，纵轴表示当零售商采用概率销售和快速响应手段，考虑战略消费者和不考虑战略消费者时的利润差，用来衡量战略消费者对零售商利润的影响。结果表明：（1）当零售商采用手段时，可以消除战略消费者对零售商利润的负效用，市场中考虑战略消费者的利润大于没有考虑战略消费者的利润，但优势并不明显，两者利润几乎相等。不过，相对单纯采用概率销售或者单纯采用快速响应手段来说，概率销售和快速响应联合运作模式是应对战略消费者更有效的手段。（2）随着概率产品中某一种产品比例的增加，考虑战略消费者的零售商利润会随之降低，这种优势不再凸显。原因是本节假定消费者对产品1的估值是0.7，即第一阶段的消费者对产品1更青睐一些，因此在概率产品中产品1所占的比例会相对较少。如果产品1所占比例有所提升，那么就意味着在快速响应补货时零售商订货过

多，导致产品有所剩余，因此考虑战略消费者的概率销售和快速响应手段利润下降，导致其利润优势不再明显。

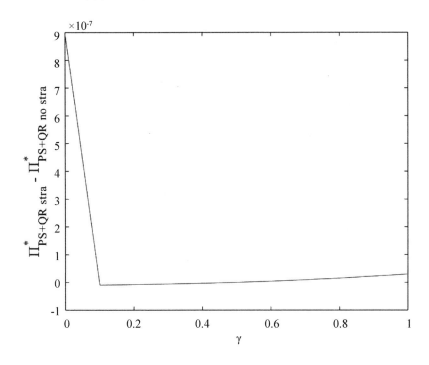

图 4 - 8　零售商利润随着 γ 变化而变化的情况

Figure 4 - 8　The impact of γ on retailer's profit

图 4 - 9 中，横轴代表零售商采用概率销售和快速响应时，使用快速响应手段补货一单位产品所需要付出的成本。纵轴表示当零售商采用概率销售和快速响应手段，考虑战略消费者和不考虑战略消费者时的利润差，用来衡量战略消费者对零售商利润的影响。结果表明：（1）无论快速响应手段补货一单位产品所需要付出的成本如何变化，考虑市场中存在战略消费者时概率销售和快速响应手段获得的利润始终优于不考虑市场中存在战略消费者的利润。也就是说，

零售商同时采用概率销售和快速响应两种方式时可以更好地应对市场中战略消费者给其带来的负效用。（2）当快速响应的成本 c_Q 增大到一定程度时，考虑战略消费者的零售商利润优势不再凸显。原因是由于本研究假设消费者的估值是 0.7，当使用快速响应手段补货单位产品的成本已经高于消费者的估值时，越多的战略消费者推迟购买对零售商来说利润损失越大，因此，考虑战略消费者时零售商获得的利润优势不再明显。此时，零售商应尽量减少快速响应补货的数量以降低成本。

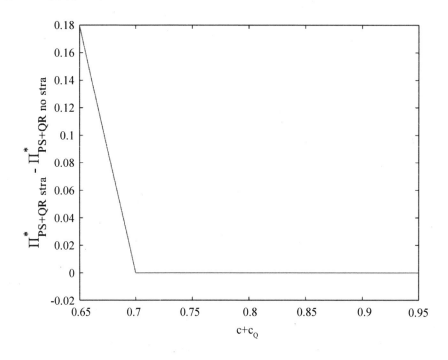

图 4 - 9　零售商利润随着成本 $c + c_Q$ 变化而变化的情况

Figure 4 - 9　The impact of $c + c_Q$ on retailer's profit

在命题 4 - 6 中，已经对比了在不同的快速响应成本条件下，零售商采用概率销售和快速响应联合运作手段获得的利润与其单独采用概率销售手段时获得的利润大小。图 4 - 10 将着重分析战略消费者时概率产品中产品 1 所占的比例对两者利润差的影响。图 4 - 10 中，横轴代表考虑战略消费者时概率产品中产品 1 所占的比例。纵轴表示当零售商采用概率销售和快速响应手段考虑战略消费者获得的最优利润，与零售商采用概率销售手段考虑战略消费者获得的最优利润时的利润差，用来衡量概率销售和快速响应手段与单独的概率销售手段对零售商利润的影响。结果表明：无论概率产品中产品 1 所占的比例如何变化，零售商采用概率销售和快速响应联合运作手段获得的利润始终大于其单独采用概率销售手段时获得的利润，也就是说，概率产品中产品 1 所占的比例对零售商采用两种运作手段的利润差影响不大，主要决定因素是使用快速响应手段补货一单位产品所需要付出的成本与售价之间的关系。

由图 4 - 8、图 4 - 9 和图 4 - 10，以及命题 4 - 6 和命题 4 - 7 总结得到：当考虑市场中存在的战略消费者，且快速响应的成本较小时，零售商采用概率销售和快速响应运作模式时，可以有效地缓解市场中战略消费者给其带来的负效用，要比单独采用概率销售手段受到战略消费者的影响要小，也比其获得的利润高，同时还可以帮助企业有效降低库存水平。

因此，本研究建议，若市场中真实存在战略消费者，零售商应尽可能混合采用概率销售这种营销手段和快速响应这种运作手段来销售产品，或者只采用快速响应手段。

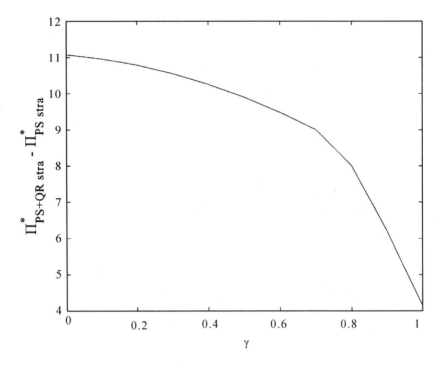

图 4 - 10　零售商利润随着 γ 变化而变化的情况

Figure 4 - 10　The impact of γ on retailer's profit

4.5　本章小结

概率销售是电子商务新兴销售模式，主要用于多类产品或服务，帮助零售商创建一个新的产品类型，即"概率产品"，当消费者对产品的某些特定属性不感兴趣时，为其提供了额外的选择。概率销售采用一种简单的细分市场方法(Shapiro and Shi, 2008)，扩大了产品线，增加了产品类别，满足了消费者的个性化需求，促进差异化定价，增加市场规模和利润（Jiang，2007）。而快速响应作为一种新型的商业运作战略，在纺织、服装和家电制造行业得到了广泛的应用。Cachon and Swinney（2011）研究表明在不考虑战略消费者的情况下，快速响应可帮助企业最大提高利润达到500%。这两种模式都是应对消费者需求不确定非常有效的方式，近年来，对概率销售和快速响应的研究掀起了学界和业界的广泛关注。

通过阅读文献观察到，以往对概率销售的研究，较少站在运作管理的角度，尤其是关注零售商的库存决策，多数研究假设特殊商品和概率产品在同一阶段销售。对于快速响应研究也鲜有文章分析零售商同时销售两种产品的情况，更没有文章将概率销售和快速响应这两种应对需求不确定的方式进行过对比研究。而本章站在运作管理的角度分析，考虑一个零售商分两阶段销售商品，有三种方式来应对消费者需求的不确定性，分别采用电子商务新兴销售模式——概率销售；或者采用新型运作管理模式——快速响应；或者采用两种模式相结合的方式。研究发现：

（1）当市场中不存在战略消费者时，如果产品的快速响应成本和普通进货成本较低，或者商品在单独销售时的价格较高，那么零售商应尽量采用概率销售手段来应对消费者需求的不确定性，而不是采用快速响应的手段；反之零售商应采用快速响应手段。

（2）当市场中不存在战略消费者时，当正常订货成本和快速响应成本高于产品在第一阶段的单独售价时，零售商采用"概率销售和快速响应"联合策略时，往往会订货过多，而产品成本很高，导致在第一阶段快速响应后和第二阶段概率销售时利润都是负增长，此时单独采用概率销售手段更利于零售商。反之，零售商采用"概率销售和快速响应"联合策略要优于单独采用概率销售策略。

（3）当市场中不存在战略消费者时，在任何条件下，零售商单独使用快速响应策略获得利润都会比采用"概率销售和快速响应"联合策略获得的利润多。

（4）当市场中存在战略消费者时，企业单独采用概率销售手段时，战略消费者行为会减少零售商的利润，在没有战略消费者时商家获取的利润更高。也就是说，概率销售手段仍然不能消除战略消费者的负效用。

（5）当市场中存在战略消费者时，零售商采用"概率销售和快速响应"的联合销售策略时，商家会降低售价，提高订货量，并且利润相较于不考虑市场中战略消费者零售商获得的要大，即零售商联合采用概率销售营销手段和快速响应运作手段可以有效地缓解战略消费者对其的负面影响。

（6）当市场中存在战略消费者时，战略消费者的存在并没有改变零售商应该何时采用"概率销售和快速响应"联合决策以及何时应该采用概率销售策略。无论市场中是否存在战略消费者，零售商都可以根据进货成本和快速响应的补货成本来决策自己的最优运作策略。

（7）当考虑市场中存在的战略消费者，且快速响应的成本较小时，零售商采用概率销售和快速响应运作模式时，可以有效地缓解市场中战略消费者给其带来的负效用，要比单独采用概率销售手段受到战略消费者的影响要小，也比其获得的利润高，同时还可以帮助企业有效降低库存水平。对比不考虑市场中的战略消费者的概率销售模型，当快速响应成本较低时，存在战略消费者的联合策略模型可以消除战略消费者给零售商带来的负效用，同时降低库存水平。但由于消费者具有战略额选择行为，导致零售商对商品的定价要有所降低。

综上所述，由于现实市场中通常存在战略消费者，本研究建议零售商应单独采用快速响应手段，或为降低库存水平以及兼顾削弱战略消费者的负效用，应采用概率销售和快速响应联合策略。

5   预售模式下定价与库存决策

5.1   引言

近年来，新产品预售是一种非常常见的电子商务营销手段。很多电子商务企业都开办了预售板块，例如阿里巴巴、京东等。越来越多的零售商也采用预售的手段销售新产品，像 Kindle，UNIQLO，iPhone，Audi Q2 等，2016、2017 年的双 11 购物节，几乎所有的品牌都在淘宝平台上进行了产品的预售，零售商们在正式推出产品进入大众市场之前销售新产品。消费者通常需要在预售平台上先行支付订金预定产品，然后支付余额以获得产品。零售商也可以通过预售阶段产品的销量，对市场上消费者的需求情况有一个大致的了解，以帮助他们在正常销售阶段更准确地安排库存量。

有一种现象引起了学者和采用预售模式的零售商注意：在预售阶段存在战略消费者。与短视消费者不同，战略消费者会观察和预测零售商的定价以及促销战略，来调整自己的支付行为，要么立即购买，要么等待将来打折再买。如果消费者选择在预售阶段购买产品，他们会百分之百得到产品；如果消费者等到正常销售阶段再购买，那么就需要面临缺货的风险。此外，可能是因为顾客对产品的忠诚度随着时间的推移而降低，或者有更受欢迎的产品出现在市场上，战略消费者对产品的估值随时间递减（Du et al.，2015）。

因此，本章考虑了战略消费者的存在，在竞争情况下，分析消费者行为对零售商决策的影响，尤其是消费者战略性的负效用是否能被预售这种新型的电子商务模式而减弱。

闪购也是一种新的商业模式，在短时间内提供有限数量的折扣产品。在闪购平台上，消费者先买先得，售完即止。通过第四章的研究我们发现：越来越多的企业使用闪购平台销售他们的新产品，还有一部分企业选择在闪购平台上预售新产品。与传统的预售模式不同的是，由于闪购限时限量的特点，在闪购平台的预售是存在数量限制的，并不是每个想买商品的消费者都可以在闪购预售阶段得到新产品。如果消费者非常喜欢这个产品，就要尽快抢购，否则在预售阶段也会同样面临缺货的风险。

近年来，越来越多的企业采用闪购的模式预售其新产品，例如Jimmy choo，OLAY等等。2011年大众在美国闪购网站Gilt上低价限量预售三辆全新的捷达。捷达在闪购平台的预售为其之后的销量带来了很大的提升（Zhang et al.，2018）。Home Textiles Today 杂志在文章 *Flash Sale Sites Still Glowing* 提道："大量精心策划的分类，以及独特的网站风格，是许多闪购网站的标志，这可能会促使消费者尝试新的品牌和产品。"零售商们为什么会选择参加闪购平台的预售？在闪购平台上预售新产品能减轻战略消费者行为的负面影响吗？为了探讨清楚这些问题，本章在只考虑一个零售商的前提下，建立报童模型分析零售商在闪购模式下预售新产品的情况。在本章第三节中，不但考虑了消费者的战略性、估值随时间递减的特性，还加入讨论了消费者的风险偏好的因素。通过对比传统的报童模型（没有战略消费者的情况）、考虑战略消费者行为的普通预售报童模型和参加闪购平台预售的考虑战略消费者的报童模型，来得出闪购预售的具体作用。

尽管闪购和预售模式越来越流行，但是却少有学术研究，尤其是在运作管理和市场营销交叉研究领域，并同时考虑战略消费者的作用，对两种电子商务模式进行全方位的探讨。本章的研究对市场营销和运营管理文献做出了贡献，并探讨清楚了传统预售模式和闪购平台的预售模式对消费者战略性的改变情况。通过分析计算，得到如下结论：通过对两个预售同质新产品的竞争零售商的研究发现，零售商的预售利润和库存量随着战略消费者的估值增加而降低，随着消费者估值递减率以及正常销售阶段的产品可获得率的增加而降低。此外，零售商的预售利润随着正常销售阶段的商品价格的增加而增加，所以，零售商应该采用折价预售策略。通过对第二部分的研究，零售商参加闪购平台的预售是否可以帮助其削弱战略消费者的负效用，发现参加闪购平台的预售可以帮助零售商降低因消费者战略性而带来的利润降低，但是无法完全消除消费者战略行为对其的影响。同时，由于参加闪购平台预售的零售商缺乏有效的闪购机制设计，因为在大多数情况下，如果市场的需求得不到满足，零售商就不会去调整供给，这也造成了零售商利润的损失。

本章的研究框架如下：5.2 节在传统预售模式下，用斯坦伯格和古诺博弈模型，研究战略消费者对两个预售同质新产品的竞争零售商的库存决策和利润的影响。5.3 节在一个零售的框架下，着重分析新型闪购平台的预售模式下，战略消费者行为对零售商的影响。接下来用数值实验讨论模型参数对零售最优决策的影响，并对结果进行管理分析。最后，得出结论。

5.2 考虑战略消费者的竞争模型

本节主要研究考虑战略消费者对两个竞争零售商利润和最优库存决策的影响。有两个竞争的零售商，在预售阶段销售同质的新产品给战略消费者，产品的单位生产成本是 c。本章假设消费者对产品的估值随着时间的推移而降低（Du et al.，2015），即消费者在预售阶段对产品的估值 v 在正常销售阶段会递减为 $\alpha v(0 \leqslant \alpha \leqslant 1)$（Cachon and Swinney，2009），其中 α 表示估值递减率，它依赖于产品的特点和消费者对产品的喜爱程度。本书还假设产品的销售周期分为两个阶段，第一阶段是预售阶段，第二阶段是正常销售阶段。预售和正常销售的价格分别是 p_a 和 p_r。令 $q_i(i=1,2)$ 表示零售商 i 在两个阶段的总的库存数量，在预售阶段的初期，零售商需要决策他们的库存量。在预售阶段，凡是支付预售款的消费者的需求都必须被满足，然而，在正常销售阶段，消费者的需求不一定会被满足，要根据当时的库存水平来决定。本书假设，未被满足的需求直接被损失，消费者在正常销售阶段获得产品的概率是 $\lambda(0 < \lambda < 1)$。当 $p_a \geqslant p_r$ 时，表示零售商采用的是全价预售策略；当 $p_a < p_r$ 时，表示零售商采用的是折扣价预售策略。战略消费者可能在预售阶段或者正常销售阶段做出购买决策，在预售阶段购买其获得的消费者剩余是 $v - p_a$；由于消费者估值随时间递减的原因，如果其在正常销售阶段购买获得的消费者剩余是 $\alpha v - p_r$，考虑到正常销售阶段的产品可获得性概率，此时，消费者的效用是 $(\alpha v - p_r)\lambda(q_1 + q_2)$。根据以上的分析，我们得到了消费者效用最大化的公式如下：

$$max\{v - p_a, (\alpha v - p_r)\lambda(q_1 + q_2)\}$$

零售商只有在预售阶段的价格刚好等于他的支付意愿时，才可以获得最大利润，即预售价格 p_a 应满足如下公式：

$$p_a = v - (\alpha v - p_r)\lambda(q_1 + q_2)$$

为了调查清楚战略消费者对参加预售的零售商的影响，本节将主要关注其预售阶段的利润，$E\pi_i(q_i) = (q_i - \lambda q_i)(p_a - c)$。

5.2.1　斯坦伯格博弈模型

在斯坦伯格博弈模型中，本章假设零售商 1 是领导者，零售商 2 是跟随者。首先，零售商 1 宣布订货量 q_1，然后零售商 2 再决定自己的订货量 q_2。则两个零售商的总库存量和预售阶段的总利润分别是 $Q^s = q_1^* + q_2^*$ 和 $\Pi^. = \pi_1(q_1^*, q_2^*) + \pi_2(q_1^*, q_2^*)$。图 5-1 表示了在斯坦伯格博弈模型中的事件发生顺序。根据斯坦伯格博弈模型的特点，并给定零售商 1 的库存数量 q_1，可以得到零售商 2 的预售利润如下：

$$\max_{q_2 \geq 0} \pi_2(q_1, q_2) = (q_2 - \lambda q_2)[v - (\alpha v - p_r)\lambda(q_1 + q_2) - c]$$

求解得到以下结果：均衡条件下，两个零售的最优库存水平是

$$\begin{cases} q_1^* = \dfrac{v - c}{2\lambda(\alpha v - p_r)} \\[2mm] q_2^* = \dfrac{v - c}{4\lambda(\alpha v - p_r)} \end{cases}$$，均衡利润是 $$\begin{cases} \pi_1(q_1^*, q_2^*) = \dfrac{(1 - \lambda)(v - c)(p_a - c)}{2\lambda(\alpha v - p_r)} \\[2mm] \pi_2(q_1^*, q_2^*) = \dfrac{(1 - \lambda)(v - c)(p_a - c)}{4\lambda(\alpha v - p_r)} \end{cases}$$，

市场上两个零售商的最优总利润是 $\Pi^* = \dfrac{3(1 - \lambda)(v - c)^2}{16\lambda(\alpha v - p_r)}$，最优总库存水

平是 $Q^* = \dfrac{3(v - c)}{4\lambda(\alpha v - p_r)}$。

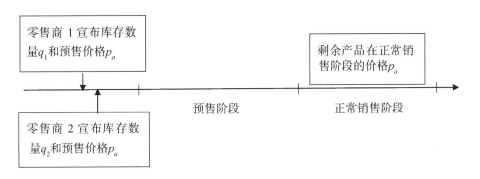

图 5 - 1　斯坦伯格博弈模型中事件发生的顺序

Figure 5 - 1　The sequence of the events in the Stackelberg game

5.2.2　古诺博弈模型

在古诺博弈模型中，两个零售商同时宣布自己的库存水平 q_1，q_2。图 5－2 表示了古诺博弈模型中的事件发生顺序，根据古诺博弈模型的特点，可以得到两个零售商预售阶段的利润分别是：

$$\begin{cases} \pi_1(q_1,q_2) = (q_1 - \lambda q_1)[v - (\alpha v - p_r)\lambda(q_1 + q_2) - c] \\ q_1 \geq 0, q_2 \geq 0 \\ \pi_2(q_1,q_2) = (q_2 - \lambda q_2)[v - (\alpha v - p_r)\lambda(q_1 + q_2) - c] \\ q_1 \geq 0, q_2 \geq 0 \end{cases}$$

求解得到以下结果：均衡条件下，两个零售的最优库存水平是 $q_1^* = q_2^*$

$= \dfrac{v - c}{3\lambda(\alpha v - p_r)}$，均衡利润是 $\begin{cases} \pi_1(q_1^*,q_2^*) = \dfrac{(1-\lambda)(v-c)(p_a-c)}{3\lambda(\alpha v - p_r)} \\ \pi_2(q_1^*,q_2^*) = \dfrac{(1-\lambda)(v-c)(p_a-c)}{3\lambda(\alpha v - p_r)} \end{cases}$，

古诺博弈模型下，市场上两个零售商的最优总利润是 $\Pi^* = \dfrac{2(1-\lambda)(v-c)^2}{9\lambda(\alpha v - p_r)}$，最优总库存水平是 $Q^* = \dfrac{2(v-c)}{3\lambda(\alpha v - p_r)}$。

在以往的文献中，古诺和斯坦伯格博弈模型通常被用来分析不同情况下竞争的均衡结果。本章研究这两种博弈模型，是为了帮助零售商更地的理解，在不同的竞争模式下预售的战略价值。对比两个博弈模型，除了一般性结论外，得到了以下结果：（1）零售商的预售利润和库存水平随着战略消费者对产品的估值的递减而递减。也

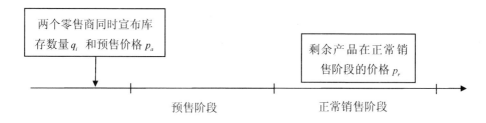

图 5 - 2　古诺博弈模型中事件发生的顺序

Figure 5 - 2　**The sequence of the events in the Cournot game**

就是说，估值较高的战略消费者是非常看中消费体验的，所以他们更愿意在实体店中试穿或者试用新产品，这会导致零售商在预售阶段的利润有所降低。众所周知，库存水平越高，零售商付出的成本越多。通过对结果的分析发现，当消费者的估值提升时，零售商的库存水平降低，相应的库存成本也有所降低。这个结果是有些违反直观的。(2)零售预售阶段的利润随着消费者估值递减率和在正常销售阶段产品的可获得率的降低而降低。研究发现，如果消费者的估值很高或者消费者在正常销售阶段比较容易获得新产品，零售商在预售阶段的利润一定会下降。(3)零售商预售阶段的利润随着正常销售阶段商品的价格的增高而增多，也就是说，在预售阶段，零售商更适合采用折扣预售策略。(4)战略消费者的估值和估值递减率都会对零售商预售阶段利润产生负面的影响。这意味着，零售商在预售阶段销售新产品不能完全消除消费者战略行为给零售商带来的负效用。

此外，通过对比两种竞争模式下零售商的总体利润和订货量，得到命题 5 - 1。

命题 5 – 1: $Q^s > Q^c, \Pi^s < \Pi^c$.

命题 5 – 1 表明, 在斯坦伯格博弈情景下的预售, 不利于零售商整体利润的提升和库存水平的降低。在古诺博弈情境下的预售, 零售商不但可以降低库存水平, 同时还可以提高整体收益。也就是说, 市场中的领导者零售商对整体零售商的预售利润是起到负面作用的。

表 5 – 1 总结了本章用到的变量和符号。

表 5 – 1   本章用到的符号和变量

Table 5 – 1   Notations and variables

c	单位生产成本
v	消费者在预售阶段对产品的估值
αv	消费者在正常销售阶段对产品的估值, α 表示消费者估值随时间的递减率 $(0 \leqslant \alpha \leqslant 1)$
λ	消费者在正常销售阶段获得产品的概率 $(0 < \lambda < 1)$
p_a	在竞争模型中, 产品的预售价格
p_r	在竞争模型中, 产品的正常阶段的销售价格
q_i	零售商 i 在两个阶段的总的库存数量, $i = 1,2$
Q^s, Q^c	两个竞争零售商在斯坦伯格博弈和古诺博弈中总的库存数量
Π^s, Π^c	两个竞争零售商在斯坦伯格博弈和古诺博弈中最优利润和报童模型中的符号和变量
D	零售商面临随机的需求
$F(\cdot), f(\cdot)$	随机需求的累积分布函数和概率密度函数
ξ	消费者在正常销售阶段获得产品的概率
s	报童模型中正常销售阶段一单位产品的价格
p_{news}, p_{as}, p_{fs}	传统报童模型中, 传统预售模式的报童模型中, 以及闪购平台预售模式下的报童模型中单位产品的预售价格

Q_{news}, Q_{as}, Q_{fs}	传统报童模型中，传统预售模式的报童模型中，以及闪购平台预售模式下的报童模型中产品的订货量
$\Pi_{news}, \Pi_{as}, \Pi_{fs}$	传统报童模型中，传统预售模式的报童模型中，以及闪购平台预售模式下的报童模型中零售商获得的利润

5.3 考虑战略消费者的报童模型

这一节，主要研究一个零售商销售新产品的三种类型报童模型，假设需求是随机的。在第一个模型里，研究没有战略消费者存在的情况，在另外两个模型中考虑存在战略消费者的情况。零售商有两种选择，一种是选择传统方式的预售（第二个模型），另一种是选择在闪购平台上进行新产品的预售（第三个模型）。为了更准确分析战略消费者行为以及不同的预售方式对零售商库存决策和利润的影响，本节将对以上三个模型的结果进行对比分析。

零售商面临随机的需求 D ，其累积分布函数和概率密度函数分别是 $F(\cdot)$ 和 $f(\cdot)$ 。根据 Su and Zhang（2008）的研究，本节假设 $F(\cdot)$ 是递增失效率函数，即 $\dfrac{f(x)}{F(x)}$ 随着 x 的增加而增加。订货量是 Q ，单位预售产品的价格是 p ，正常销售阶段的价格是 s ，单位生产成本是 c 。实际操作中，新产品往往在预售阶段以全价销售，而在之后的销售周期会以折扣价销售，例如 Fab. com。当产品不再时尚流行，零售商就会选择设置一个较低的价格来吸引消费者购买，以便清仓。所以，本章假设 $s(s < c)$ 是外生参数，根据 Aviv and Pazgal (2008) 的研究，事先宣布自己的销售价格和剩余库存要优于在正常销售阶段重新设定，因此，本书也借鉴了该假设，零售商在销售之初就宣布自己的价格和库存水平。以下是三个模型的具体研究。

5.3.1 传统报童模型

在传统报童模型里（不考虑战略消费者的情况），消费者都是短视的，所以预售的价格等于消费者对产品的估值，即 $p_{news} = v$。根据 Petruzzi and Dada(1999) 的研究，得到零售商的期望利润函数是 $\Pi_{news} = (v - s)E(D\hat{}Q) - (c - s)Q$，最优库存决策是：$\overline{F(Q_{news})} = \dfrac{c - s}{v - s}$。

5.3.2 传统预售模式的报童模型

本节将研究传统预售模式下，考虑了战略消费者情形的报童模型。这种情境下，预售阶段的需求完全被满足，而正常销售阶段的需求可能因随时间推移产品库存有限，导致部分需求不能被满足。由于本章研究的是新产品的预售问题，同时正常销售阶段的需求有一定的概率不被满足，所以假设新产品预售阶段的价格略高于正常销售阶段的价格，消费者对正常销售阶段产品的可获得概率的期望值是 ξ，此外，考虑搭配消费者的风险偏好，假定消费者的效用函数是 $U(x) = x^{\lambda}, \lambda > 0$，由此得到消费者最大的效用如下：

$$\max\{(v-p)^\lambda, (\alpha v-s)^\lambda \xi\}$$

零售商需要决策预售阶段的价格 p 和订货量 Q，零售商的利润是 $\Pi_{as}(Q,p) = pE(D^\wedge Q) + s(Q - E(D^\wedge Q)) - cQ$，令 $Q_{as}(p) = \arg\max_Q \Pi_{as}(Q,p)$。对于给定的价格 p，易得到 $\Pi_{as}(Q,p)$ 是 Q 凹函数，可以得到一节条件：

$$\frac{\partial \Pi_{as}(Q,p)}{\partial Q} = (p-s)(1-F(Q)) - (c-s) = 0$$

以及零售商最优的订货数量。

根据理性预期均衡理论（Rational Expectation Equilibrium）以及 Cachon and Swinney（2009），Du et al.（2015）和 Su and Zhang（2008）的研究，可以得到 $\xi = F(Q)$，$(v-p)^\lambda = (\alpha v - s)^\lambda F(Q)$，$p_{as} = v - F(Q_{as}{}^*)^{1/\lambda}(av-s)$。

$$\overline{F}(Q_{as}{}^*) = \frac{c-s}{p_{as}-s}$$

5.3.3 闪购平台预售模式下的报童模型

近年来，越来越多的零售商选择在闪购平台预售新产品，在第三章的研究中也有提到，尤其是一些奢侈品或者是声誉很高的品牌。根据第三章的研究可知，闪购是一种和预售一样新型的营销模式，可以帮助零售商以折扣价或者全价的方式在一定时间内销售产品。由于销售的时间有限，闪购经常会引起消费者的关注、提高消费者对产品的认知、帮助零售商扩大市场或者促使消费者提前购买等。

本节旨在研究零售商参加闪购平台的预售，是否可以减轻战略消费者的负面影响。

在第三章中命题3-4(iv)证明，当买到产品的消费者口碑效用强度较小，潜在消费者的口碑效用强度更小时，或者价格歧视效应较小且平台会员数较多时，零售商在闪购平台尽可能多地全价预售新产品。这时由于闪购平台给零售商新产品扩散带来的正效用不大，零售商相当于把闪购平台当作一个新的销售渠道。例如闪购网站Fab. com 在2011年转型后，预先销售创意设计产品，网站主打销售口号是"销售你从未见过的东西"，如稀奇古怪的杯子、及臀T恤等，产品多是原价预售，且总数量有限，在闪购平台的需求尽量被满足，其他渠道销售数量很少。本节与5.3.2节传统的预售模式不同，零售商会在实体店中销售期初订购剩余的产品。本节假设，零售商告知消费者产品的总订货量 Q ，所以消费者不需要对产品在第二阶段的可获得率 ξ 进行估测。如果他们在正常销售阶段购买商品，产品的可获得率是 $F(Q)$ 。同时，本节也关注了消费者的风险偏好问题，因此得到消费者的效用函数如下：

$$\max\{(v-p)^{\lambda}, (\alpha v - s)^{\lambda}\xi\}$$

为了最大化利润，零售商要把预售阶段的价格刚好设定为消费者的支付意愿，即

$$p(Q)_{fs} = v - \xi^{1/\lambda}(av - s)$$

给定订货量 Q ，零售商的期望利润函数是：

$$\Pi_{fs}(Q) = p(_{Q}E(D\hat{}Q) + s(Q - E(D\hat{}Q)) - cQ$$
$$= [v - \xi^{1/\lambda}(av - s) - s]E(D\hat{}Q) - (c - s)Q$$

得到最优的订货量和最优的闪购平台的预售价格分别是 $Q_{fs}^* = \arg\max_Q \Pi_{fs}(Q)$ 和 $p_{fs}^* = v - (av - s)F(Q_{fs}^*)^{1/\lambda}$，其中 $\bar{F}(Q_{fs}^*) = \frac{c - s}{p_{fs}^* - s}$。也就是说，如果零售商参加闪购平台的新产品预售，他可以根据闪购的数量来对商品的预售价格进行灵活定价。

接下来，本节分析了零售商在闪购平台进行新产品预售时的利润和库存性质，帮助研究闪购平台的新产品预售对战略消费者行为的影响。

引理 5 – 1（Wang et al.，2018，Du et al.，2015）：$\Pi_{fs}(Q)$ *是一个拟凸函数，存在唯一的最优订货量* Q_{fs}^*。

通过（Du et al.，2015）的研究可知，传统预售模型的库存数量、销售价格以及零售商利润都低于传统报童模型。接下来，将传统报童模型（5.3.1）和传统预售模型（5.3.2）中的结果和本节进行对比分析，为了得到更直观的结论，更清晰地看到闪购平台的作用，我们先将消费者风险偏好假定为 1（风险中立），在这个前提下，得到以下结论。（消费者风险偏好对零售商不同情况下预售利润和库存决策的影响，将在本章 5.4 节中进行详细的讨论）

命题 5 – 2：$Q_{fs}^* \leq Q_{as}^*$，$\Pi_{fs}^* \geq \Pi_{as}^*$.

命题 5 – 2 表明，在闪购平台做新产品的预售会降低零售商的库存水平，并增加其利润。这解释了为什么有越来越多的零售商选择在闪购平台做新产品的预售，而不是传统预售渠道。

命题 5 – 3：$Q_{fs}^* \leq Q_{news}^*$，$\Pi_{fs}^* < \Pi_{news}^*$.

由以往研究 Du et al.（2015）可知，传统报童模型的最优订货量大于考虑战略消费者的传统预售模型的订货量。命题5-2表明,在闪购平台的预售也会降低零售商的库存水平,但同时利润也会有所削弱,即参加闪购的预售虽然可以降低战略消费者行为的负作用,但仍不能完全消除战略消费者行为给企业带来的影响。

命题5-2和命题5-3的证明参考(Wang et al.,2018)。

从命题5-2和命题5-3可知,零售商可以采用参加闪购预售限量供应的策略来降低库存水平以增加利润,减轻战略客户行为的负面影响。虽然这个结论表面上看起来不合理,但事实上,如果市场上存在战略消费者,减少订货量反而可以帮助零售商提高利润。对消费者来说,零售商参加闪购平台的预售,且公开宣布产品库存数量有限,战略消费者可以预测在第二阶段的产品可获得率,为了避免想买而买不到,更多的消费者会选择在闪购平台上购买。现实生活中,有一部分产品还会在闪购平台进行打折预售,像2011年大众在Gilt销售捷达一样,因此,闪购作为一种营销工具可以更有利地吸引消费者在闪购阶段提前购买并提高零售商的利润。对零售商来说,参加闪购平台的预售不但可以帮助零售商降低库存,还可以促使消费者尽快购买。而且在正常销售阶段的剩余库存较少,也减少了库存积压造成的损失。

5.4 数值实验

在本节,用数值模拟的方法得到了一些有意义的管理见解。在考虑战略消费者的情况下，将零售商不参加闪购预售的模型与参加闪购平台预售的模型进行比较，更加全面地分析闪购对零售商预售的影响；同时，分析消费者不同的估值递减率和不同的风险偏好对零售商预售决策及利润的影响。

5.4.1 消费者估值递减率对零售商的影响

在考虑战略消费者的前提下，将其他参数保持不变，同时假定消费者全是风险中立的，令 $v = 15, c = 5, s = 4, \lambda = 1$，将传统预售模式和参加闪购的预售模式进行对比分析。图 5-3 展示了在不同消费者估值递减率下，两种预售模式的利润和订货量变化趋势。

由图 5-3 可知，当零售商预售时，无论何种形式的预售，其利润及订货量随着消费者估值递减率的增加而降低，但是不论估值参数如何变化，参加闪购的预售利润都始终优于传统模式预售下零售的利润；而订货量方面，当消费者估值递减率越高时，零售商在闪购平台预售的库存水平相对传统预售模式更低，表明在面对更容易受时间影响的消费者时，闪购平台是零售商参加预售更好的选择，现在的时尚趋势变化速度很快，导致消费者的估值随时间递减程度变大，揭示了为什么有越来越多的品牌选择在闪购平台进行预售。

图 5-4 表明，零售商的最优预售定价同样随着消费者估值递减率的增加而降低，也就是说，战略消费者行为对零售商确定有负效应，但参加闪购平台的预售可以帮助零售商更好地减少负效用。

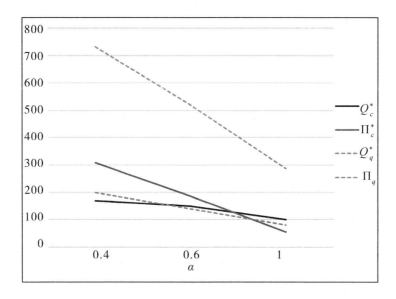

图 5 – 3 消费者估值递减率对零售商利润和订货量的影响

Figure 5 – 3 The impact of the valuation parameter on retailer's profits and order quantities

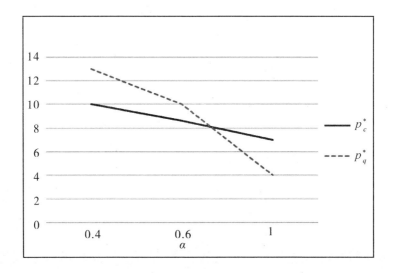

图 5 – 4 消费者估值递减率对零售商最优定价的影响

Figure 5 – 4 The impact of the valuation parameter on the retailer's optimal price

5.4.2 消费者风险偏好对零售商的影响

在考虑战略消费者的前提下，将其他参数保持不变，令 $v = 15$，$c = 5, s = 4, \alpha = 0.5$，假定消费者随估值递减呈适中程度，即 $\alpha = 0.5$。将传统预售模式和参加闪购的预售模式进行对比分析，观察消费者不同的风险偏好对零售商定价、订货量和利润的影响。

由图 5 - 5 可以看出，参加闪购预售的零售商订货量受消费者风险偏好的影响不大，由于闪购是限量模式，零售商会预先声明产品的订货数量，所以导致零售商订货量受其他因素影响不大。但采用传统预售模式的零售商订货量却受消费者偏好影响很大，因为在预售阶段，零售商会根据产品的预售情况来估测消费者的偏好，以此调整其订货量。同时，在消费者风险偏好低于1，也就是消费者风险厌恶时，零售商订货量较少。当消费者风险偏好大于1，也就是消费者呈现风险追求型时，零售商的订货量较大。然而，当消费者完全是风险厌恶型时，订货量反而不会受其影响，因为此时消费者的行为比较单一，效用函数是一个确定的值，零售商只要调整定价就可以销售较多的商品。

但总体来看，虽然参加闪购预售的零售商的订货量是限量的，仍然会比传统预售的销量大，这就是闪购平台带给零售商的好处。一方面，通过限量的方式增加消费者的紧迫感；另一方面，闪购平台的会员人数也会给零售商的新产品增加宣传，以此来提升销量。因此，总体来说，参加闪购预售的零售商订货量比传统预售的订货

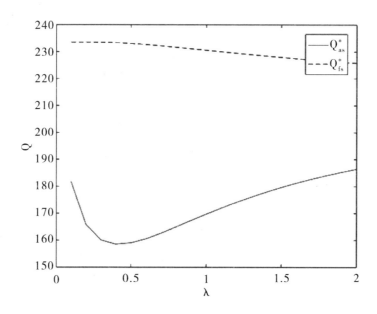

图 5 - 5　消费者风险偏好对零售商订货量的影响

Figure 5 - 5　The impact of the customers' risk preference on retailer's

optimal order quantities

量多。

　　由图 5 - 6 可以看出，随着消费者风险偏好的变大，零售商的预售价格反而有所降低，这个结论看似违反直观，实际上，由于消费者变成风险追逐型，他们会认为在正常销售阶段的产品可获得性更高，反而不会在预售阶段购买，因此，零售商需要通过降低预售价格的手段来吸引消费者在预售阶段消费。此外，参加闪购平台预售的产品定价通常高于传统预售的定价，原因是闪购是限量的，造成了产品稀有的效果，因此，产品定价反而会较高。

　　由图 5 - 7 可知，随着消费者风险偏好的增大，零售商的利润反而有所降低。原因是消费者风险偏好变大，更倾向于在未来低价处

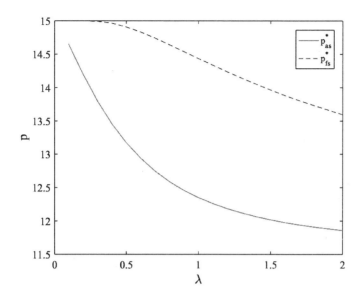

图 5 - 6　消费者风险偏好对零售商订价的影响

Figure 5 - 6　The impact of the customers' risk preference on retailer's optimal price

理阶段购买产品，这样预售阶段的销量有所降低，总体利润也会随之降低。然而，总体来看，零售商参加闪购平台预售获得的利润要高于其参加传统预售获得的利润。在第四章，本书研究了闪购平台的优势，一方面会员人数众多宣传效应很大，另一方面，消费者口碑效用也会给品牌上增加利润。因此，零售商应该在可能的情况下参加闪购平台的预售。这也解释了为什么越来越多的零售商选择在闪购平台上进行新产品的预售。

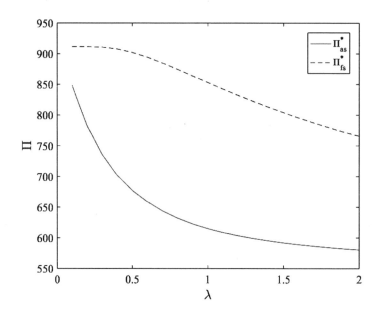

图 5 - 7　消费者风险偏好对零售商利润的影响

Figure 5 - 7　**The impact of the customers' risk preference on retailer's profit**

5.4.3　消费者估值递减率和风险偏好对零售商的影响

在考虑战略消费者的前提下，将其他参数保持不变，令 $v = 15$，$c = 5, s = 4$。将传统预售模式和参加闪购的预售模式进行对比分析，同时观察消费者不同的风险偏好和估值递减率对零售商定价、订货量和利润的影响。

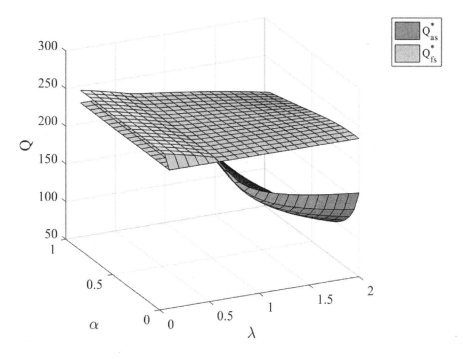

图 5 - 8 消费者风险偏好和估值递减率对零售商订货量的影响

Figure 5 - 8 The impact of the customers' risk preference and valuation parameter on retailer's optimal order quantities

由图 5 - 8 可以得出，消费者的风险偏好和估值递减率对参加闪购预售的零售商订货量影响不大，只有在估值递减率为 0 的时候有较大影响，原因是消费者在第二阶段估值递减为 0 意味着第二阶段的销售量为 0，那么零售商肯定要少订货。对于使用传统方式预售的零售商来说，随着消费者估值递减率的降低和风险偏好的增加，其订货量都呈现先降低后增加的趋势。原因是当消费者的估值较低，通过图 5 - 9 可以看出，此时零售商的定价也会相应降低，因此销量不会迅速降低，反而会随着消费者风险偏好的增加而增加订货量。

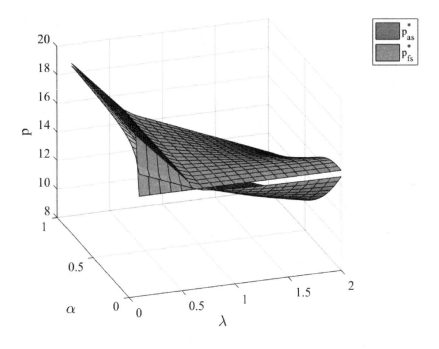

图 5 – 9　消费者风险偏好和估值递减率对零售商订价的影响

Figure 5 – 9　The impact of the customers' risk preference and valuation parameter on retailer's optimal price

由图 5 – 9 可以看出，随着消费者风险偏好的变大，零售商的预售价格反而有所降低，这个在图 5 – 6 中已作出解释；随着消费者估值递减率的降低，整体来看，零售商的预售价格有所提升，原因是消费者下一阶段的估值越低，其在第一阶段也就是预售阶段购买产品的概率就会越大，此时，零售商会适当提升产品的预售价格来增加其收益。但当消费者风险偏好为 1，即为风险中立型时，零售商的预售价格不会随着消费者估值递减率的变化而变化，原因是此时消费者既不会冒险等到正常销售阶段去购买，也不会冒险在预售阶段尝试新产品，反而其估值还会随着时间的推移有所递减，此时预售价格就不会受到消费者行为因素的影响，只要保持预售价格不变，就会有更多的消费者在第一阶段购买。当消费者变成风险驱逐型且估值递减率趋于 0 时，参加闪购预售的零售商和参加传统预售的零售商对产品预售的定价趋于一致。原因是此时消费者风险偏好较强，不会在意限量供应或者考虑将来缺货风险的问题，另外，消费者第二阶段的估值较小，本身第二阶段的销量就不会很大，那么闪购平台限量供应的策略对消费者的影响就不那么大了，两种预售模式基本差不多，因此，定价也不会相差很大。

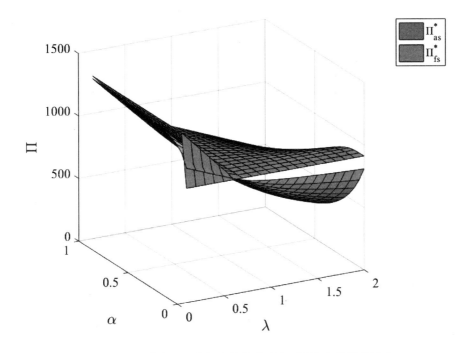

图 5 - 10　消费者风险偏好和估值递减率对零售商利润的影响

Figure 5 - 10　The impact of the customers' risk preference and valuation parameter on retailer's profit

由图 5 - 10 可知，无论消费者风险偏好和估值递减率如何变化，总体来看，零售商参加闪购平台预售获得的利润都会高于其参加传统预售获得的利润。但随着消费者估值递减率的降低和消费者风险偏好的提升，参加闪购预售的零售商利润优势逐渐降低，原因是消费者变为风险驱逐型对第二阶段获得商品的概率信息显著提升，且其对产品的估值递减很大，第二阶段的消费者剩余很小时，闪购平台的限量机制对消费者的购买行为影响较小，因此闪购的优势也不再凸显。

5.5　本章小结

近几年，随着"互联网＋"的盛行，电子商务新兴销售模式层出不穷，预售成了非常流行的营销策略，很多零售商和零售商开始参加预售以提升企业利润。本章研究了战略消费者对零售商预售策略的影响。首先，分析了在竞争环境下，战略消费者对两个销售同质商品的零售商参加预售的影响。分别用斯坦伯格和古诺模型建模，在以往文献中，斯坦伯格模型和古诺模型常常用来分析不同竞争环境下的均衡结果，同时使用两种竞争模型进行分析可以帮助零售商更好地理解竞争环境下战略消费者对预售的影响。经研究发现，零售商的预售利润和订货量随着战略消费者估值的降低而降低，此外，零售商的预售利润随着消费者估值递减率的降低而降低，随着正常销售阶段产品可获得性概率的增加而降低。此外，零售商的预售利润随着正常销售阶段的价格升高而升高，这意味着在预售阶段，零售商最好采用折价预售战略。如果市场中不存在战略消费者，生产成本是影响零售商最优利润的主要因素。然而，当存在战略消费者的时候，消费者对产品的估值和估值递减率都对零售商的利润产生负面的影响。也就是说，当零售商销售一个不怎么受关注的产品时，还是不能减轻战略消费者行为的负效用。在斯坦伯格博弈情景下的预售，不利于零售商整体利润的提升，以及库存水平的降低。在古诺博弈情境下的预售，零售商不但可以降低库存水平，同时还可以提高整体收益。

接下来又研究了零售商参加闪购平台的预售是否可以消除战略消费者行为的负效用。本章对比了传统报童模型、传统预售模型和参加闪购的预售模型，得到如下结论：在闪购平台做新产品的预售会降低零售商的库存水平，并增加其利润。这解释了为什么有越来越多的零售商选择在闪购平台做新产品的预售，而不是传统预售渠道。虽然利润有所增加，但仍然低于没有战略消费者存在时的情景，说明参加闪购的预售虽然可以降低战略消费者行为的负作用，但仍不能完全消除战略消费者行为给企业带来的影响。不过，零售商可以采用参加闪购预售限量供应的策略来降低库存水平以增加利润，减轻战略客户行为的负面影响。

随着消费者风险偏好的增大，零售商的利润反而有所降低。原因是消费者风险偏好变大，更倾向于在未来低价处理阶段购买产品，这样预售阶段的销量有所降低，总体利润也会随之降低。

当零售商预售时，无论以何种形式的预售，其利润及订货量随着消费者估值递减率的增加而降低，但是不论估值参数如何变化，参加闪购的预售利润都始终优于传统模式预售下零售的利润；而订货量方面，当消费者估值递减率越高时，零售商在闪购平台预售的库存水平相对传统预售模式更低，表明在面对更容易受时间影响的消费者时，闪购平台是零售商参加预售更好的选择，现在的时尚趋势变化速度很快，导致消费者的估值随时间递减程度变大，这揭示了为什么有越来越多的品牌选择在闪购平台进行预售。

但随着消费者估值递减率的降低和消费者风险偏好的提升，参加闪购预售的零售商利润优势逐渐降低，原因是消费者变为风险驱逐型对第二阶段获得商品的概率信息显著提升，且其对产品的估值递减很大，第二阶段的消费者剩余很小时，闪购平台的限量机制对消费者的购买行为影响较小，因此闪购的优势也不再凸显。

6　总结及展望

6.1　研究总结

本书主要研究结论有以下几点。

（1）建立理论模型，分析零售商为什么以及该如何参加闪购平台的新产品销售

在固定费用机制和两部收费机制下，同时考虑了已买到产品消费者的口碑效用和潜在消费者的口碑效用对零售商需求的影响。对零售商是否应该参加闪购平台给出了建议：当闪购平台向零售商收取一个适中的固定费用或者免费的时候，零售商应该参加闪购；闪购平台有两个主要的功能，一个是促销商品并提高其在正常销售阶段的需求，另一个是作为一个获取纯利润渠道。零售商利用平台的哪种功能，取决于产品自身的特点；正常销售阶段的期望需求有可能增加也有可能降低，这依赖于两种口碑效用和产品的闪购价格以

及闪购库存量；当平台采用两部收费机制时，零售商的利润会随着收益分享率的变化而产生一些小变化，会随着固定费用的增加而迅速降低。这意味着，闪购平台在向零售商按两部机制收取平台入驻费用的时候，要尽可能地设置一个较低的固定费用和一个较高的收益分享率。

（2）站在运作管理的角度分析，零售商如何运用概率销售策略来优化库存决策和利润，并通过应对需求不确定的运作手段快速响应进行对比研究，为零售商提出供不同条件下采取的最优策略建议

当市场中不存在战略消费者时，如果产品的快速响应成本和普通进货成本较低，或者商品在单独销售时的价格较高，那么零售商应尽量采用概率销售手段来应对消费者需求的不确定性，而不是采用快速响应的手段，反之零售商应采用快速响应手段；当市场中不存在战略消费者时，且正常订货成本和快速响应成本高于产品在第一阶段的单独售价时，零售商单独采用概率销售手段更利于零售商，反之，零售商采用"概率销售和快速响应"联合策略要优于单独采用概率销售策略；当市场中不存在战略消费者时，在任何条件下，零售商单独使用快速响应策略获得利润都会比采用"概率销售和快速响应"联合策略获得的利润多。当市场中存在战略消费者时，企业单独采用概率销售手段，战略消费者行为会减少零售商的利润，在没有战略消费者时商家获取的利润更高。也就是说，概率销售手段仍然不能消除战略消费者的负效用。

（3）分析预售模式下的库存决策问题，以及战略消费者对零售商决策的影响

　　首先，分析了在竞争环境下战略消费者对两个销售同质商品的零售商参加预售的影响。分别用斯坦伯格和古诺模型建模，同时使用两种竞争模型进行分析可以帮助零售商更好地理解竞争环境下战略消费者对预售的影响。经研究发现，零售商的预售利润和订货量随着战略消费者估值的降低而降低，另外，零售商的预售利润随着消费者估值递减率的降低而降低，随着正常销售阶段产品可获得性概率的增加而降低。此外，零售商的预售利润随着正常销售阶段的价格升高而升高，意味着在预售阶段，零售商最好采用折价预售战略。如果市场中不存在战略消费者，生产成本是影响零售商最优利润的主要因素。然而，当存在战略消费者的时候，消费者对产品的估值和估值递减率都对零售商的利润产生负面的影响。也就是说，当零售商销售一个不怎么受关注的产品时，还是不能减轻战略消费者行为的负效用。古诺博弈相较于斯坦伯格博弈情景下的预售，更加有利于零售商整体利润的提升，以及库存水平的降低。

　　接下来研究了零售商参加闪购平台的预售是否可以消除战略消费者行为的负效用。对比了传统报童模型、传统预售模型和参加闪购的预售模型，得到如下结论：在闪购平台做新产品的预售会降低零售商的库存水平，并增加其利润。虽然利润有所增加，但仍然低于没有战略消费者存在时的情景，说明参加闪购的预售虽然可以降低战略消费者行为的负作用，但仍不能完全消除战略消费者行为给企业带来的影响。不过，零售商可以采用参加闪购预售限量供应的策略来降低库存水平以增加利润，减轻战略客户行为的负面影响。

6.2　研究的局限性与展望

电子商务新兴销售模式对企业的运作管理影响深远且毋庸置疑，由于这些新型的营销模式在运作管理方面的研究起步较晚，且电子商务发展迅猛，未来存在很多值得探讨和分析的问题。

第一，在闪购模式研究中，首先，本书假设消费者的两种口碑效用都是正的，未来可以关注当口碑效用对零售商知名度产生负面效用时是如何影响其决策的。其次，本书还假设产品在正常销售阶段的价格是全价，且是外生参数，虽然很多文献也做了类似的假设，比如，很多产品在产品生产完成时就已经决定了其正常销售的价格，但现实操作中，很多产品的价格是可以随着销量的变化而时刻做出动态调整的，将本书的结果推广到正常销售时期的价格也是一个决策变量，将会是一个有趣且具有挑战性的问题。最后，本书的研究重点是要了解闪购给零售商带来的价值，为什么有那么多的电子商务公司推出了闪购平台，以及为什么有那么多的零售商选择在闪购平台上销售他们的新产品。但对于闪购模式来说，闪购期应该持续多长时间是一个非常重要的决定。因此，未来的研究方向可以关注闪购时间长短对企业运营决策的影响。

第二，在对概率销售模式的研究中，为了简化分析，突出概率销售对企业运作决策的影响，本书只考虑企业销售两种同质产品的情况，未来可以关注企业销售多种同质产品，或异质产品的情况。

第三，本书没有对分析结果进行实证研究，因此，进一步研究的另一个潜在方向是在实践中收集数据以验证模型，从而更好地理解电子商务新兴销售模式对企业运作管理的影响。

第四，本书的主要研究对象都是零售商，重点分析营销模式对零售商运作决策影响，实际情况中，非常多的电子商务企业纷纷开设以闪购、预售或者概率销售为营销模式的电商平台，因此，站在平台的角度分析新型电子商务模式对其管理和运作的影响也是很有必要的。

第五，在对三种电子商务新兴销售模式的研究中，只有在预售模式下，考虑了其对两个竞争企业的作用和影响，这种竞争模式的研究未来可以推广到不同的电子商务新兴销售模式下的销售模式分析中。

第六，由于本书是首次站在运作管理的角度对三种新型电子商务模式对企业运作管理影响的研究，为了研有所得，所以做了模型的简化，只考虑了两周期模型，而在未来的研究中可以关注多周期模型，尽管分析会更加复杂，但也会得到更多有利于企业发展的管理见解。

第七，在对消费者行为方面的研究中，本书考虑了战略消费者行为、消费者估值随时间递减行为和消费者风险偏好行为，未来可以将更多的消费者行为加入对三种电子商务新兴销售模式中，例如有限理性、羊群效应、失望厌恶、过度自信等行为。

第八，随着电子商务模式的迅猛发展，电子商务新兴销售模式层出不穷，例如新零售、共享经济等新的销售模式，以及 3D 打印、无人汽车等新技术，都对消费者需求、物流及供应链产生巨大的影响，有待未来展开更为深入的研究。

参考文献

[1] Aday, J. B., and Phelan, K. V. (2015). Competitive advantage or market saturation: An in – depth comparison of flash – sale sites through content analysis. Journal of Hospitality Marketing and Management 24(3)287 – 313.

[2] Ashworth, L., and McShane, L. (2012). Why do we care what others pay? The effect of other consumers' prices on inferences of seller(dis)respect and perceptions of deservingness violation. Journal of Retailing 88(1)145 – 155.

[3] Amini, M., Wakolbinger, T., Racer, M., and Nejad, M. G. (2012). Alternative supply chain production – sales policies for new product diffusion: An agent – based modeling and simulation approach. European Journal of Operational Research 216(2)301 – 311.

[4] Aggarwal, P., and Vaidyanathan, R. (2003). Use it or loseit: Purchase acceleration effects of time – limited promotions. Journal of Consumer Behaviour 2(4)393 – 403.

[5]Agrawal, V., and Seshadri, S. (2000). Impact of uncertainty and risk aversion on price and order quantity in the newsvendor problem. Manufacturing and Service Operations Management 2(4)410 – 423.

[6]Agrawal, V., and Seshadri, S. (2000). Role of intermediaries in supply chains under risk sharing aversion. IIE Transactions. Articles in Advance.

[7]Aviv, Y., A. Pazgal. (2008). Optimal pricing of seasonal products in the presence of forward – looking consumers. Manufacturing and Service Operations Management 10(3)339 – 359.

[8]Aviv, Y., Levin, Y., and Nediak, M. (2009) Counteracting strategic consumer behavior in dynamic pricing systems. Consumer – Driven Demand and Operations Management Models 13(1)323 – 352.

[9]Bass, F. M. (1969). A new product growth model for consumer durables. Management Science 15(5)215 – 227.

[10]Bitran, G. R., and Mondschein, S. V. (1997). Periodic pricing of seasonal products in retailing. Management Science 43(1)64 – 79.

[11]Baron, O., Hu, M., Najafi – Asadolahi, S., and Qian, Q. (2015). Newsvendor selling to loss – averse consumers with stochastic reference points. Manufacturing & Service Operations Management 17(4) 456 – 469.

[12]Besbes, O., and Lobel, I. (2015). Intertemporal price discrimination: Structure and computation of optimal policies. Management Science 61(1)92 – 110.

[13] Baptista, R. (2000). The diffusion of process innovations: A selective review. International Journal of Industrial Organization. 18(1), 515 – 535.

[14] Babić Rosario, A., Sotgiu, F., De Valck, K., and Bijmolt, T. H. (2016). The effect of electronic word of mouth on sales: A meta – analytic review of platform, product, and metric factors. Journal of Marketing Research 53(3)297 – 318.

[15] Boyaci, T. (2005). Competitive stocking and coordination in a multiple – channel distribution system. IIE transactions 37(5)407 – 427.

[16] Boyaci, T. and Özer, Ö. (2010) Information Acquisition for Capacity Planning via Pricing and Advance Selling: When to Stop and Act? Operations Research, 58(5), 1328 – 1349.

[17] Caillaud, B., and Jullien, B. (2001). Chicken and Egg: Competing Matchmkers. Centre for Economic Policy Research, (Vol. 2885).

[18] Chiu, C. H., Choi, T. M., and Tang, C. S. (2011). Price, Rebate, and Returns Supply Contracts for Coordinating Supply Chains with Price – Dependent Demands. Production and Operations Management 20(1)81 – 91.

[19] Cachon, G. P., and Feldman, P. (2017) Is advance selling desirable with competition? Marketing Science 36(2)214 – 231.

[20] Cachon, G. P., and Lariviere, M. A. (2005). Supply chain coordination with revenue – sharing contracts: strengths and limita-

tions. Management science 51(1)30 – 44.

[21] Cachon, G. P. , R. Swinney. (2009). Purchasing, pricing, and quick response in the presence of strategic consumers. Management Science 55(3)497 – 511.

[22] Cachon, G. P. , and Swinney, R. (2011). The value of fast fashion: Quick response, enhanced design, and strategic consumer behavior. Management science 57(4)778 – 795.

[23] Cheng, H. K. , Li, S. , and Liu, Y. (2015). Optimal software free trial strategy: Limited version, time – locked, or hybrid? Production and Operations Management 24(3)504 – 517.

[24] Chen, J. , and Guo, Z. (2014). Online Advertising, Retailer Platform Openness, and Long Tail Sellers. Retailer Platform Openness, and Long Tail Sellers(August 1, 2014).

[25] Chen, J. M. , and Chang, C. I. (2013). Dynamic pricing for new and remanufactured products in a closed – loop supply chain. International Journal of Production Economics 146(1)153 – 160.

[26] Cai, J. , Wang, L. , and Han, Y. (2010). Advance order strategies: Effects on competition structure in a two – echelon supply chain. Applied Mathematical Modelling 34(9)2465 – 2476.

[27] Campbell, M. C. (1999). Perceptions of price unfairness: Antecedents and consequences. Journal of marketing research 36 (2) 187 – 199.

[28] Chintapalli, P. , and Hazra, J. (2015). Pricing and inventory

management during new product introduction when shortage creates hype. Naval Research Logistics 62(4)304 – 320.

[29]Coase, R. H. (1972) Durability and monopoly. The Journal of Law and Economics 15(1)143 – 149.

[30]Cho, S. H. , and Tang, C. S. (2013). Advance selling in a supply chain under uncertain supply and demand. Manufacturing and Service Operations Management 15(2)305 – 319.

[31]Choi, T. M. (2016). Inventory service target in quick response fashion retail supply chains. Service Science 8(4)406 – 419.

[32]Chen, X. , Pang, Z. , and Pan, L. (2014). Coordinating inventory control and pricing strategies for perishable products. Operations Research 62(2)284 – 300.

[33]Chen, X. , and Simchi – Levi, D. (2012). Pricing and inventory management. The Oxford Handbook of Pricing Management, 784 – 822.

[34] Chen, Y. , and Zhang, T. (2014) . Interpersonal bundling. Management Science 61(6)1456 – 1471.

[35]Durmus Beril, Erdem Can, Özçam Dilek Sa ġlık, Akgün Serkan. (2015). Exploring Antecedents of Private Shopping intention: The Case of Turkish Apparel Industry. European Journal of Business and Management 7(12)64 – 77.

[36]Du, J. , Zhang, J. , & Hua, G. (2015). Pricing and inventory management in the presence of strategic customers with risk preference

and decreasing value. International Journal of Production Economics 164 (1)160 – 166.

[37] Debo, L. G. , Toktay, L. B. , and Wassenhove, L. N. V. (2006). Joint life – cycle dynamics of new and remanufactured products. Production and Operations Management 15(4)498 – 513.

[38] Dou, Y. , Niculescu, MF. , and Wu, D. J. (2013). Engineering optimal network effects via social media features and seeding in markets for digital goods and services. Information Systems Research 24 (1)164 – 185.

[39] Eppen, G. D. , Iyer, A. V. (1997). Improved fashion buying with Bayesianupdating. Operations Research 45(6)805 – 819.

[40] Eisenbeiss, M. , Wilken, R. , Skiera, B. , and Cornelissen, M. (2015). What makes deal – of – the – day promotions really effective? The interplay of discount and time constraint with product type. International Journalof Research in Marketing 32(4)387 – 397.

[41] Farrell, J. , and Saloner, G. (1986). Installed base and compatibility: Innovation, product preannouncements, and predation. The American Economic Review 76(5)940 – 955.

[42] Ferreira, K. J. , Lee, B. H. A. , and Simchi – Levi, D. (2015)Analytics for an online retailer: Demand forecasting and price optimization. Manufacturing and Service Operations Management 18 (1) 69 – 88.

[43] Fisher, M. , Raman, A. (1996). Reducing the cost of de-

mand uncertainty through accurate response to early sales. Operations Research 44(1)87 – 99.

[44] Frost and Sullivan (2012) VipShop Holdings Limited. Available online at: http: //www. sec. gov/Archives/edgar/data/1529192/00011931 2512067702/d211818df1. htm(accessed 19 November 2012).

[45] Fay, S. , and Laran, J. (2009). Implications of expected changes in the seller's price in name – your – own – price auctions. Management Science 55(11)1783 – 1796.

[46] Fay, S. , and Xie, J. (2008). Probabilistic goods: a creative way of selling products and services. Marketing Science 27(4)674 – 690.

[47] Fay, S. , and Xie J. (2010) The economics of buyer uncertainty: advance selling vs. probabilistic selling. Marketing Science 29 (6) 1040 – 1057.

[48] Fay, S. , and Xie, J. (2015). Timing of product allocation: Using probabilistic selling to enhance inventory management. Management Science 61(2)474 – 484.

[49] Fay, S. , Xie, J. , and Feng, C. (2015). The effect of probabilistic selling on the optimal product mix. Journal of Retailing 91 (3) 451 – 467.

[50] Golder, P. N. , and Tellis, G. J. (1998). Beyond diffusion: An affordability model of the growth of new consumer durables. Journal of Forecasting 17(2)259 – 280.

[51] Gao, F. , and Chen, J. (2015). The role of discount vouchers

in market with customer valuation uncertainty. Production and Operations Management 24(4)665 –679.

[52]Gallego, G., and Ryzin, G. V. (1994). Optimal dynamic pricing of inventories with stochastic demand over finite horizons. Clinical Medicine 40(8)999 – 1020.

[53] Grewal, D., Roggeveen, A. L., Compeau, L. D., and Levy, M. (2012). Retail value – based pricing strategies: New times, new technologies, new consumers. Journal of Retailing 88(1)1 –6.

[54]Gao, F., and Su, X. (2016). Omnichannel retail operations with buy – online – and – pick – up – in – store. Management Science. Articles in Advance.

[55]Gallego, G., Phillips, R., and Şahin, Ö. (2008). Strategic management of distressed inventory. Production and Operations Management 17(4)402 –415.

[56]Gobry, P. (2011)http://www. businessinsider. com/vente – privee – billions – 2011 – 1.

[57]Golder, P. N., and Tellis, G. J. (1998). Beyond diffusion: An affordability model of the growth of new consumer durables. Journal of Forecasting 17(3 –4)259 –280.

[58]Hardesty, D. M., and Bearden, W. O. (2003). Consumer e-valuations of different promotion types and price presentations: the moderating role of promotional benefit level. Journal of Retailing 79(1)17 –25.

[59]Horowitz, I. (1970). Decision making and the theory of the

firm. Holt, Rinehart, and Winston, New York.

[60] Hauser, J. , Tellis, G. J. , and Griffin, A. (2006). Research on innovation: A review and agenda for Marketing Science. Marketing Science 25(6)687 – 717.

[61] Haws, K. L. , and Bearden, W. O. (2006). Dynamic pricing and consumer fairness perceptions. Journal of Consumer Research 33(3) 304 – 311.

[62] Hu, M. , Shi, M. , and Wu, J. (2013). Simultaneous vs. sequential group – buying mechanisms. Management Science 59(12) 2805 – 2822.

[63] Hinz, O. , Hann, I. H. , and Spann, M. (2011). Price discrimination in e – commerce? An examination of dynamic pricing in name-your – own price markets. MIS Quarterly 35(1)81 – 98.

[64] Ho, T. H. , Li, S. , Park, S. E. , and Shen, Z. J. M. (2012). Customer influence value and purchase acceleration in new product diffusion. Marketing Science 31(2)236 – 256.

[65] Higuchi, T. , Troutt, M. D. (2004). Dynamic simulation of the supply chain for a short life cycle product – lessons from the Tamagotchi case. Computers and Operations Research 31(1)1097 – 1114.

[66] Huang, T. , and Van Mieghem, J. A. (2013). The promise of strategic customer behavior: On the value of click tracking. Production and Operations Management 22(3)489 – 502.

[67] Huang, T. , and Yu, Y. (2014) Sell probabilistic goods? A

behavioural explanation for opaque selling. Marketing Science 33(5)743 –
759.

[68]Huang, Z. , and Benyoucef, M. (2015). User preferences of
social features on social commerce websites: An empirical study. Techno-
logical Forecasting and Social Change 95(3)57 –72.

[69]Jain, D. , Mahajan, V. , and Muller, E. (1991). Innovation
diffusion in the presence of supply restrictions. Marketing Science 10(1)
83 –90.

[70]Jiang, L. (2014). The effect of P2P marketplaces on retailing
in the presence of mismatch risk. A thesis presented to the University of
Waterloo in fulfillment of the thesis requirement for the degree of Master of
Applied Science in Management Sciences.

[71]Jackson, M. O. , and López – Pintado, D. (2013). Diffusion
and contagion in networks with heterogeneous agents and homophi-
ly. Network Science 1(01)49 –67.

[72]Jing, X. , and Xie, J. 2011. Group buying: A new mechanism
for selling through social interactions. Management Science 57 (8)
1354 –1372.

[73] Jiang, Y. (2007). Price discrimination with opaque prod-
ucts. Journal of Revenue and Pricing Management 6(2)118 –134.

[74] Kamrad, B. , Lele, S. S. , Siddique, A. , and Thomas,
R. J. (2005). Innovation diffusion uncertainty, advertising and pricing
policies. European Journal of Operational Research 164(3)829 –850.

[75] Krasnova, H. , Veltri, N. F. , Spengler, K. , and Günther, O. (2013). "Deal of the day" platforms: What drives consumer loyalty? Business and Information Systems Engineering 5(3)165 – 177.

[76] Kalyanam, K. (1996). Pricing decisions under demand uncertainty: A Bayesian mixture model approach. Marketing Science 15 (3) 207 – 221.

[77] Kogan, K. , and Herbon, A. (2008). A supply chain under limited – time promotion: The effect of customer sensitivity. European Journal of Operational Research 188(1)273 – 292.

[78] Kukar – Kinney, M. , Scheinbaum, A. C. , and Schaefers, T. (2016). Compulsive buying in online daily deal settings: An investigation of motivations and contextual elements. Journal of Business Research 69(2)691 – 699.

[79] Khouja, M. (1999) The single – period(news – vendor) problem: Literature review and suggestions for future research. Omega 27(5) 537 – 553.

[80] Karakul, M. , and Chan, L. M. A. (2008). Analytical and managerial implications of integrating product substitutability in the joint pricing and procurement problem. European Journal of Operational Research 190(1)179 – 204.

[81] Kumar, S. , and Swaminathan, J. M. (2003). Diffusion of innovations under supply constraints. Operations Research 51(6)866 – 879.

[82] Kuthambalayan, T. S. , Mehta, P. , and Shanker, K.

(2015) Managing product variety with advance selling and capacity restrictions. International Journal of Production Economics 170 287 – 296.

[83] Libai, B. , Muller, E. , and Peres, R. (2013). Decomposing the value of word – of – mouth seeding programs: Acceleration versus expansion. Journal of marketing research 50(2) 161 – 176.

[84] Li, C. , and Zhang, F. (2013) Advance demand information, price discrimination, and pre – order strategies. Manufacturing and Service Operations Management 15(1) 57 – 71.

[85] Lazear, E. P. (1984). Retail Pricing and Clearance Sales, National Bureau of Economic Research Cambridge, Mass. , USA.

[86] Lauren Munger, J. , and Grewal, D. (2001). The effects of alternative price promotional methods on consumers' product evaluations and purchase intentions. Journal of Product and Brand Management 10(3) 185 – 197.

[87] Loginova, O. , Wang, X. H. , and Zeng, C. (2011) Advance selling in the presence of experienced consumers. Working paper.

[88] Loginova, O. , Wang, X. H. , and Zeng, C. (2016) Learning in advance selling with heterogeneous consumers. Managerial and Decision Economics. Article in Advance.

[89] Liu, Q. , G. J. van Ryzin. (2008). Strategic capacity rationing to induce early purchases. Management Science 54(6) 1115 – 1131.

[90] Liu, Q. , and Shum, S. (2013). Pricing and capacity rationing with customer disappointment aversion. Historical Journal of Film Radio

and Television 22(22)1269 – 1286.

[91]Liu, Q. , and Van Ryzin, G. (2011). Strategic capacity rationing when customers learn. Manufacturing and Service Operations Management 13(1)89 – 107.

[92]Liu, Q. , and Zhang, D. (2013). Dynamic pricing competition with strategic customers under vertical product differentiation. Management Science 59(1)84 – 101.

[93]Lim, W. S. , and Tang, C. S. (2013)Advance selling in the presence of speculators and forward – looking consumers. Production and Operations Management 22(3)571 – 587.

[94]Li, Y. , Shan, M. , and Li, M. Z. F. (2015)Advance selling decisions with overconfident consumers. Journal of Industrial and Management Optimization 12(3)891 – 905.

[95] Levina, T. , Levin, Y. , McGill, J. and Nediak, M. (2015). Strategic consumer cooperation in a name – your – own – price channel. Production and Operations Management 24(12)1883 – 1900.

[96] Lin, Y. , Parlaktürk, A. (2012). Quick Response under Competition, Production and Operations Management 21(3)518 – 533.

[97] Marchesini, A. G. , Riezebos, J. , Vandaele, N. , Ganga, D. , and Miller, G. (2017). The application of Quick Response Manufacturing practices in Brazil, Europe, and the USA: an exploratory study. International Journal of Production Economics 193 437 – 448.

[98] Mantin, B. , Krishnan, H. , and Dhar, T. (2014). The

Strategic Role of Third – Party Marketplaces in Retailing. Production and Operations Management 23(11)1937 – 1949.

[99]Miller, C. C. (2011), June 19. Brands find that flash sales online are useful as marketing. New York Times.

[100]Mattioli, Dana(2011), "Macy's Plan: Boots, Bieber," The Wall Street Journal, November 26 – 27, B1 – 2.

[101]Möller, M. and Watanabe, M. (2016) Market Structure and Advance Selling. Tinbergen Institute Discussion Paper 16 – 020/VII.

[102]Mathen, N. , and Abhishek. (2014). Online promotions: Exploring the emerging opportunity in Indian market. Working Paper.

[103]Müge, Ö. R. S. , and LATIF, F. Ö. B. (2014). The Examination of Private Shopping Clubs as a Virtual Retailer in the Frame of E – Commerce System. Case Analysis: Markafoni, Turkey. Universal Journal of Industrial and Business Management 2(2)36 – 43.

[104]Mahajan, V. , Muller, E. , and Bass, F. M. (1990). New product diffusion models in marketing: A review and directions for research. Journal of Marketing 54(1)1 – 26.

[105] Naddor, E. , and Naddor, E. (1966) . Inventory Systems. New York, Wiley.

[106]Nair, J. , Wierman, A. , and Zwart, B. (2015). Provisioning of large – scale systems: The interplay between network effects and strategic behavior in the user base. Management Science 62 (6) 1830 – 1841.

[107] Najjar, L. J. (2011). Advances in e – commerce user interface design. In Human Interface and the Management of Information. Interacting with Information(pp. 292 – 300). Springer Berlin Heidelberg.

[108] Nejad, M. G. , Sherrell, D. L. , and Babakus, E. (2014). Influentials and influence mechanisms in New product diffusion: an integrative review. Journal of Marketing Theory and Practice 22(2)185 – 208.

[109] Novemsky, N. , and Schweitzer, M. E. (2004). What makes negotiators happy? The differential effects of internal and external social comparisons on negotiator satisfaction. Organizational Behavior and Human Decision Processes 95(2)186 – 197.

[110] Ovchinnikov, A. , and Milner, J. M. (2012). Revenue management with end – of – period discounts in the presence of customer learning. Production and operations management 21(1)69 – 84.

[111] Ouardighi, F. E. , Feichtinger, G. , Grass, D. , Hartl, R. , and Kort, P. M. (2016). Autonomous and advertising – dependent "word of mouth" under costly dynamic pricing. European Journal of Operational Research 251(3)860 – 872.

[112] Ostapenko, N. (2013) Gilt groupe: Desperately seeking a new business model how discount luxury sites struggle in the economic recovery era. Economic and Social Development: Book of Proceedings 1170 – 1180.

[113] Oliver, R. L. , and Swan, J. E. (1989). Consumer perceptions of interpersonal equity and satisfaction in transactions: a field survey approach. The Journal of Marketing 53(4)21 – 35.

[114] Oliver, R. L., and Shor, M. (2003). Digital redemption of coupons: Satisfying and dissatisfying effects of promotion codes. Journal of Product and Brand Management 12(2)121 - 134.

[115] Prasad, A., Stecke, K. E., and Zhao, X. (2011) Advance selling by a newsvendor retailer. Production and Operations Management 20 (1)129 - 142.

[116] Prasad, A., Venkatesh, R., and Mahajan, V. (2015). Product bundling or reserved product pricing? Price discrimination with myopic and strategic consumers. International Journal of Research in Marketing 32(1)1 - 8.

[117] Pasternack, B. A. (2002). Using revenue sharing to achieve channel coordination for a newsboy type inventory model. In Supply Chain Management: Models, Applications, and Research Directions(pp. 117 - 136). Springer US.

[118] Parry, M. E., and Kawakami, T. (2014). Virtual word of mouth and willingness to pay for consumer electronic innovations. Journal of Product Innovation Management 32(2)192 - 200.

[119] Petruzzi, N. C., and Dada, M. (1999). Pricing and the newsvendor problem: A review with extensions. Operations research 47(2) 183 - 194.

[120] Petruzzi, N. C., and Dada, M. (2001). Information and inventory recourse for a two - market, price - setting retailer. Manufacturing and Service Operations Management 3(3)242 - 263.

[121] Pi, W. P., and Huang, H. H. (2011). Effects of promotion on relationship quality and customer loyalty in the airline industry: The relationship marketing approach. African Journal of Business Management5 (11) 4403 – 4414.

[122] Rice, D. H., Fay, S. A., and Xie, J. (2014). Probabilistic selling vs. markdown selling: Price discrimination and management of demand uncertainty in retailing. International Journal of Research in Marketing 31 (2) 147 – 155.

[123] Rowlands, I. H., Scott, D., and Parker, P. (2003). Consumers and green electricity: profiling potential purchasers. Business Strategy and the Environment 12 (1) 36 – 48.

[124] Rowley, J. (1998). Promotion and marketing communications in the information marketplace. Library Review47 (8) 383 – 387.

[125] Rochet, J. C., and Tirole, J. (2003). Platform competition in two – sided markets. Journal of the European Economic Association 1 (4) 990 – 1029.

[126] Ryan, J. K., Sun, D., and Zhao, X. (2012). Competition and coordination in online marketplaces. Production and Operations Management 21 (6) 997 – 1014.

[127] Ru, J., and Wang, Y. (2010). Consignment contracting: Who should control inventory in the supply chain? European Journal of Operational Research 201 (3) 760 – 769.

[128] Rieger, M. O., Wang, M., and Hens, T. (2014). Risk

preferences around the world. Management Science 61(3)637 – 648.

[129]Ren, Y., and Croson, R. (2013). Overconfidence in news-vendor orders: An experimental study. Management Science 59 (11) 2502 – 2517.

[130]Shapiro, D., and Shi, X. (2008) Market segmentation: The role of opaque travel agencies. Journal of Economics & Management Strategy 17(4)803 – 837.

[131]Schweitzer, M. E., and Cachon, G. P. (2000). Decision bias in the newsvendor problem with a known demand distribution: Experimental evidence. Management Science 46(3)404 – 420.

[132] Swinney, R. (2011). Selling to strategic consumers when product value is uncertain: the value of matching supply and demand. Management Science 57(10)1737 – 1751.

[133] Sen, S., Gürhan – Canli, Z., and Morwitz, V. (2001). Withholding consumption: A social dilemma perspective on consumer boycotts. Journal of Consumer research 28(3)399 – 417.

[134]Swami, S., and Khairnar, P. J. (2006). Optimal normative policies for marketing of products with limited availability. Annals of Operations Research 143(1)107 – 121.

[135] Swix, S. R., Stefanik, J. R., and Batten, J. C. (2012). U. S. Patent No. 8, 132, 202. Washington, DC: U. S. Patent and Trademark Office.

[136] Swix, S. R., Stefanik, J. R., and Batten, J. C. (2012).

Methods and Systems for Providing Targeted Content, Google Patents.

[137]Shi, S. W. , and Chen, M. (2015). Would you snap up the deal? A study of consumer behaviour under flash sales. International Journal of Market Research 57(6)931 – 957.

[138]Song, S. and Yoo, M. (2016)The role of social media during the pre – purchasing stage. Journal of Hospitality and Tourism Technology 7 (1)84 – 99.

[139]Simonsohn, U. , and Ariely, D. (2008). When rational sellers face nonrational buyers: evidence from herding on eBay. Management science 54(9)1624 – 1637.

[140] Subramanian, U. , and Rao, R. C. (2016). Leveraging experienced consumers to attract new consumers: An equilibrium analysis of displaying deal sales by daily deal websites. Management Science 62(12) 3555 – 3575.

[141]Su, X. (2007). Intertemporal pricing with strategic customer behavior. Management Science 53(5)726 – 741.

[142]Su, X. , F. Zhang. (2009). On the value of commitment and availability guarantees when selling to strategic consumers. Management Science 55(5)713 – 726.

[143]Su, X. , and Zhang, F. (2008). Strategic customer behavior, commitment, and supply chain performance. Management Science 54 (10)1759 – 1773.

[144]Song, Y. , and Zhao, X. (2016). Strategic customer behav-

ior facing possible stockout: An experimental study. International Journal of Production Economics 180 57 – 67.

[145]Turk, T., and Trkman, P. (2012). Bass model estimates for broadband diffusion in European countries. Technological Forecasting and Social Change 79(1)85 – 96.

[146] Talreja, Vishakha. (2013). Sky policy opens new vistas. Accessed on 21 September, 2013 through http://www.newindianexpress.com/thesundaystandard/article1495093.ece? service = print.

[147]Tushar, W., Yuen, C., Smith, D. B., and Poor, H. V. (2017). Price discrimination for energy trading in smart grid: A game theoretic approach. IEEE Transactions on Smart Grid 8(4)1790 – 1801.

[148] Varian, H. R. (1985). Price discrimination and social welfare. American Economic Review 75(4)870 – 875.

[149] Veeraraghavan, S., and Debo, L. (2009). Joining longer queues: Information externalities in queue choice. Manufacturing and Service Operations Management 11(4)543 – 562.

[150]Veeraraghavan, S. K., and Debo, L. G. (2011). Herding in queues with waiting costs: Rationality and regret. Manufacturing & Service Operations Management 13(3)329 – 346.

[151] Whang, S. (2014). Demand uncertainty and the bayesian effect in markdown pricing with strategic customers. Manufacturing and Service Operations Management 17(2)66 – 77.

[152]Wen, X. F., Qi, E. S., and Liu, L. (2013)Customer risk

under probabilistic selling. Information Technology, 12, 008.

[153] Wang, X. H. , and Zeng, C. (2016) A model of advance selling with consumer heterogeneity and limited capacity. Journal of Economics 117(2)137 – 165.

[154] Wang, Y. (2006). Joint pricing – production decisions in supply chains of complementary products with uncertain demand. Operations Research 54(6)1110 – 1127.

[155] Wang, Y. , Jiang, L. , and Shen, Z. J. (2004). Channel performance under consignment contract with revenue sharing. Management science 50(1)34 – 47.

[156] Xie, J. , and Fay, S. A. (2012) U. S. Patent No. 8, 117, 063. Washington, DC: U. S. Patent and Trademark Office.

[157] Xie J. , and Shugan, S. M. (2001) Electronic tickets, smart cards, and online prepayments: When and how to advance sell. Marketing Science 20(3)219 – 243.

[158] Xia, L. , Monroe, K. B. , and Cox, J. L. (2004). The price is unfair! A conceptual framework of price fairness perceptions. Journal of marketing 68(4)1 – 15.

[159] Yang, C. T. (2014). An inventory model with both stock – dependent demand rate and stock – dependent holding cost rate. International Journal of Production Economics 155(9)214 – 221.

[160] Yang, D. , Qi, E. , Li, Y. (2015). Quick response and supply chain structure with strategic consumers. Omega 52 1 – 14.

[161]Yu, M. , Kapuscinski, R. , and Ahn, H. (2007)Advance selling – the effect of capacity and customer behavior. Working Paper.

[162] Yang, N. and Zhang, R. (2014). Dynamic pricing and inventory management under inventory – dependent demand, Operations Research 62(5)1077 – 1094.

[163]Zhang, K. , Evgeniou, T. , Padmanabhan, V. , and Richard, E. (2012). Content contributor management and network effects in a UGC environment. Marketing Science 31(3)433 –447.

[164]Zhang, M. , Zhang, J. , Cheng, T. C. E. , and Hua, G. (2018)Why and how do branders sell new products on flash sale platforms? European Journal of Operational Research. Article in Advance.

[165] Zhai, S. , Hua, G. W. , Cheng, T. C. E. , and Zhang, J. L. (2017). Optimal pre – order price guarantee strategy with consumer valuation decreasing, Working Paper(under first – round review at Transportation Research Part E).

[166]Zhai, S. , Hua, G. W. , Zheng, D. Z. , and Zhang, J. L. (2016)A study on advance selling decision – making considering valuation uncertainty and search cost. Systems Engineering – Theory and Practice 36 (12)3059 – 3068.

[167]Zhao, X. , and Pang, Z. (2011)Profiting from demand uncertainty: pricing strategies inadvance selling. Available at SSRN 1866765.

[168] Zhao, X. , Pang, Z. , and Stecke, K. E. (2016)When

does a retailer's advance selling capability benefit manufacturer, retailer, or both? Production and Operations Management 25(6)1073 – 1087.

[169]Zhao, X., and Stecke, K. E. (2010)Pre – orders for new to-be – released products considering consumer loss aversion. Production and Operations Management 19(2)198 – 215.

[170] Zhang, Y., Hua, G. W., Cheng, T. C. E., and Zhang, J. L. (2017)Managing demand uncertainty: probabilistic selling versus inventory substitution, Working Paper.

[171] Zhang, Y., Hua, G., Wang, S., Zhang, J., and Fernandez, V. (2018). Managing demand uncertainty: Probabilistic selling versus inventory substitution. International Journal of Production Economics 196 56 – 67.

[172] Zhang, Y., and Zhang, J. (2017). Strategic customer behavior with disappointment aversion customers and two alleviation policies. International Journal of Production Economics 191 170 – 177.

[173] Zhang, Z., Joseph, K., and Subramaniam, R. (2015). Probabilistic selling in quality – differentiated markets. Management Science 61(8)1959 – 1977.

[174]李爱真和李玟瑶. (2012). 一种新型的营销工具——概率销售模式. 河南机电高等专科学校学报, 20(5), 32 – 34.

[175]梁小丽. (2014)."品牌 + 闪购"的唯品会及其营销模式. 电子商务(4), 19 – 19.

[176]阮宏梁和杨宇. (2014). 闪购类商品的库存管理优化——

以银泰网为例．物流工程与管理(3)，132－134．

［177］王强和陈宏民．(2013)．平台收费对网上交易市场价格离散的影响[J]．管理科学学报，03：1－9．

［178］王欣蕊和尚子吟．(2012)．浅析新型购物模式——闪购．中国高新技术企业(4)，16－18．

［179］张卫东和耿笑．(2014)．基于三方博弈模型的网络交易平台收费机制研究．中国管理科学，22(12)，135－141．